LUTO, RITOS E MEMÓRIA
a experiência da dor da perda humana no passado e no presente

Cristina Costa

LUTO, RITOS E MEMÓRIA
a experiência da dor da perda humana no passado e no presente

Artesã

Luto, ritos e memória:
a experiência da dor da perda humana no passado e no presente

1ª Edição - 1ª Reimpressão 2021 | Copyright © 2021 Artesã Editora

DIRETOR
Alcebino Santana

COORDENAÇÃO EDITORIAL
Karol Oliveira

DIREÇÃO DE ARTE
Tiago Rabello

REVISÃO
José Maria Campos Lima

CAPA
Karol Oliveira

PROJETO GRÁFICO E DIAGRAMAÇÃO
Luís Otávio Ferreira

C837 Costa, Cristina.
Luto, ritos e memória: a experiência da dor da perda humana no passado e no presente / Cristina Costa . – Belo Horizonte : ArteSã, 2021.
138 p. ; 21 cm.
ISBN: 978-85-7074-038-0

1. Psicanálise. 2. Luto - aspectos psicológicos. 3. Cultura. I. Título.

CDU 159.964

Catalogação: Aline M. Sima CRB-6/2645

IMPRESSO NO BRASIL
Printed in Brazil

(31)2511-2040 (31)99403-2227
www.artesaeditora.com.br
Rua Rio Pomba 455, Carlos Prates - Cep: 30720-290 | Belo Horizonte - MG
/artesaeditora

Em uma sociedade que caminha em direção à massificação, o homem vive à deriva, sem conhecer o maravilhoso sentimento de gratidão pela primeira colheita de tomates ou pepinos. Não podemos mais apreciá-los realmente, depois de os ter colocado no altar de Buda em sinal de agradecimento. Não há mais encanto de pescar um guaru com as próprias mãos em concha, vacilando contra a corrente. Muito menos em experimentar o pesar e a dor pelas pessoas que estão morrendo.

(RÔSHI, 2002, p. 54)

AGRADECIMENTOS

Agradeço ao Instituto Brasileiro de Ciência e Psicanálise, IBCP, na pessoa de seus professores e funcionários, pelos conhecimentos que me foram transmitidos, permitindo que eu elaborasse o presente trabalho.

APRESENTAÇÃO

Ao longo da vida, todos nós enfrentamos, acumulamos e experimentamos perdas. Passamos pela dolorosa experiência de nos desligarmos de seres, espaços, hábitos e ambientes com os quais nos identificamos e em relação aos quais construímos forte ligação. A separação causa dor e uma difícil sensação de vazio. A busca por preencher esse vazio pode nos levar para a frente, impulsionar nossa criatividade, despertar antigos sonhos e desejos, mas pode também tornar-se indelével e ficar reprimida dentro de nós mesmos, prendendo-nos ao passado, ao terminado, ao finado. A tênue separação entre essas duas reações tão diversas frente ao imutável e ao inevitável estimulou esse estudo que agora chega a suas mãos, depois de ter se transformado em estudo, leitura, pesquisa e elaboração textual. Foi apresentado como trabalho final de minha formação como psicanalista, à qual me dediquei após uma já longa carreira como socióloga, antropóloga e estudiosa da comunicação. Foi essa formação primeva e as pesquisas que realizei por vários anos na interpretação da produção cultural e artística que me levaram a um estudo mais profundo dos processos mentais e cognitivos. Assim, à luz da psicanálise, me debrucei sobre a dor do luto, assimilando à abordagem psicanalítica minha visão histórica e antropológica.

O presente trabalho tem por eixo central duas importantes obras de Sigmund Freud, a saber, *Luto e Melancolia* (1917/2011) e *O mal-estar na civilização* (1930/2008), nas quais o psicanalista disserta a respeito da dor que sobrevém às perdas humanas, decorrentes do necessário desinvestimento da libido que liga a pessoa ao ente ou objeto amado que se perdeu. Aborda ainda os conceitos de pulsão de vida e pulsão de morte, distinguindo o luto saudável ou normal do luto patológico, que, rejeitando o princípio de realidade, se prolonga mais do que o comum e tende a se tornar crônico. A pesquisa realizada para a compreensão dessas questões analisa os ritos fúnebres como um processo importante para auxiliar nesse processo de decatexia e suas transformações ao longo da história da cultura no Ocidente. Nesse percurso, identifica-se um processo de fragilização dos ritos fúnebres que leva a uma maior dificuldade do enlutado na aceitação da perda, ao recalque dos sentimentos decorrentes do sofrimento e a um prolongamento dos mecanismos patológicos narcísicos, caracterizando o luto na atualidade, fruto de uma sociedade mediatizada, consumista e de instituições que sofreram com o enfraquecimento de sua estrutura hierárquica e seus princípios de autoridade. Para entender o que os enlutados, que sofrem o transtorno da perda, têm a seu dispor na sociedade contemporânea, foram realizadas entrevistas com sacerdotes de diferentes religiões e movimentos sociais, indagando sobre o tipo de acolhimento que oferecem. Finalmente, a obra encerra-se com uma análise do como pode a psicanálise ajudar seus pacientes a enfrentar o luto, possibilitando sua superação.

SUMÁRIO

INTRODUÇÃO - DIA DE FINADOS - UMA OBSERVAÇÃO ANTROPOLÓGICA E FOTOGRÁFICA

No dia 2 de novembro de 2018, fui ao Cemitério São Paulo para levar flores ao túmulo de minha família como faço desde a infância. Inicialmente, ia com minha avó e minha mãe, que visitavam o túmulo e o enfeitavam, vistoriavam sua manutenção e rezavam. Por vezes, choravam. Meu pai nunca nos acompanhou, deixando sempre para mim a nítida impressão de que homenagear os mortos era tarefa feminina. Depois que a avó e a mãe morreram, fui eu quem assumiu a responsabilidade de manter e visitar o jazigo da família. Dessa vez, em razão de minha pesquisa sobre luto, levei uma máquina fotográfica e, depois de depositar as flores no túmulo da família, percorri as alamedas em busca de cenas e imagens que me falassem sobre como as famílias estão reverenciando seus mortos.

Estava um dia quente e ensolarado, mas percebi que o número de famílias que se movimentava pelas alamedas era significativamente menor do que aquela das que havia nas lembranças da minha infância. Quando criança, procurávamos sair cedo porque, nas horas mais próximas do almoço, as pessoas tomavam as alamedas dificultando o trânsito dos pedestres (naquela época, os carros não entravam no cemitério; as ruas à volta eram tomadas por vendedores de flores que disputavam os clientes).

Posso dizer que em cada alameda havia, quando muito, duas ou três pessoas de uma única família trazendo flores. Os arranjos também eram muito menos vistosos – muitas vezes, apenas um vasinho de flor cuja secura demonstrava ter sido colocado na lápide ainda na véspera. Muitas famílias visitam seus túmulos antes do Dia de Finados para aproveitarem o feriado e viajar. Mesmo os túmulos das famílias mais abastadas, ornados com ricas esculturas em mármore e bronze e localizados nas avenidas centrais do cemitério, ostentavam exíguos arranjos florais.

Portanto, os visitantes do Cemitério São Paulo, no Dia de Finados deste ano, foram em pequeno número e discretos em suas homenagens. Pude perceber, durante a caminhada, que muitos túmulos se encontravam abandonados, depredados e sem qualquer manutenção. Ouvi, na conversa de um jardineiro com uma família que ali estava, que ali tem havido muitos assaltos e vandalismos. Por outro lado, alguns túmulos têm ficado sem o pagamento de suas anuidades, sendo, portanto, abandonados – os mortos são retirados e colocados em valas comuns.

Eis algumas imagens que demonstram essas considerações.

Podemos dizer, portanto, que o investimento afetivo e financeiro com os túmulos familiares data, no Cemitério São Paulo, principalmente da primeira década do século XX, o que se comprova pelas datas de morte que aparecem nas lápides. Nesse período, as famílias mais ricas investiram em jazigos bem localizados e ornados com esculturas que evidenciam certa qualidade artística. O estilo artístico dos desenhos e esculturas é o clássico e o *art nouveau*, o que comprova a datação do período em que esses túmulos foram comprados, erguidos e ornados. O túmulo da família Ermírio de Moraes e da família Strano são bons exemplos.

O Cemitério São Paulo tem um planejamento e uma arquitetura típicos dessa primeira metade do século XX. Os cemitérios construídos na segunda metade desse mesmo século já apresentam uma outra concepção: são amplos parques gramados, sem qualquer tipo de lápide ou ornamento, preferência dada a uma nova concepção de depositar os mortos que chega até a atualidade, túmulos todos iguais prenunciando o futuro comum a todos nós – a decomposição do corpo e o despojamento de tudo aquilo que nos distinguiu em vida. Vemos nessa mudança de costumes e de hábitos uma manifestação da perda de importância dos rituais de luto. Os cemitérios novos não estimulam a ostentação, a distinção, nem a memória, assim como não convidam à permanência junto aos túmulos.

Continuando por nossa caminhada pelo Cemitério São Paulo, pudemos perceber também a presença de poucos jovens entre os visitantes e de nenhuma criança. Os que foram ornar e ornamentar os túmulos de suas famílias eram adultos de mais idade.

Quanto ao simbolismo das homenagens póstumas, pudemos perceber duas tendências predominantes – o uso da imagem de Cristo como analogia ilustrativa da morte e da ressurreição, da possibilidade de retornar à vida. Passagens das *Via Crucis* eram muito comuns. Segundo a historiadora Fernanda Maria Matos da Costa, as cruzes representam mais da metade dos ornamentos utilizados para decorar as tumbas. Sua afirmação tem por base estudo realizado no Cemitério Público de Juiz de Fora, em Minas Gerais (COSTA, 2007).

Outra tendência é a ideia da fugacidade da vida, da passagem do tempo, da roda que gira sem parar. Vemos essa proposta na escultura a seguir, da família Alessandrini, assim como no texto do Eclesiastes escolhidos para o túmulo da família Belintani Abbud.

FAMILIA
ALESSANDRINI

ALESSANDRINI

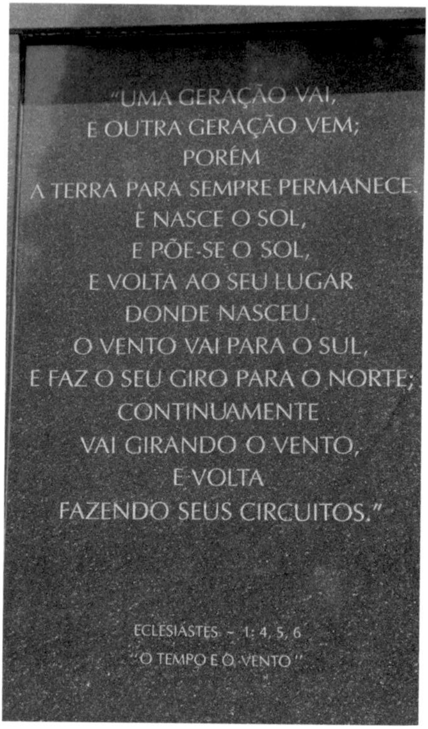

Outras frases esculpidas em pedra e talhadas em bronze procuram testemunhar o afeto que devotam a seus mortos esposas, maridos e filhos, evidenciando a necessidade de expor sua dor e saudade.

Amélia Pinto Nobre recebeu, em 1931, ano de sua morte, com cerca de 80 de vida (a data de nascimento estava danificada, mas permitia saber que nascera na década de 1850), o seguinte epitáfio:

Alma excelsa de minha esposa querida
Lá do alto empyrio junto a Deus
Róga por mim e pelos filhos teus

O menino Dario Pedreira, morto aos 12 anos, em 1941, recebeu palavras de uma dor publicamente testemunhada, como se vê na fotografia a seguir:

Oito anos depois, a mesma família sofre novo óbito – Fausto Rubbo morre aos 35 anos e recebe também palavras inconsoláveis de sua mãe, como podemos verificar:

Assim como a analogia da morte com a roda do tempo, é comum a ideia da morte como uma passagem, uma mudança de espaço e de condições de existência. Vejamos o que Cida, da família Eduardo Lima, deixou em sua lápide sobre as mudanças que a morte a faz vivenciar e como sente a passagem da vida.

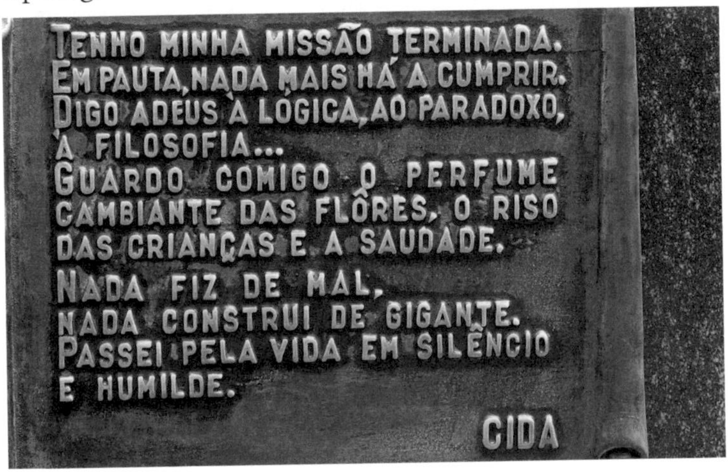

Encontramos, assim, frases que denunciam a fugacidade da vida, outras que proclamam as saudades dos parentes e algumas que colocam na lápide pensamentos do próprio morto. A seguir vemos duas epígrafes de filhos saudosos:

Casais enamorados também deixam pública a vontade de se encontrarem em uma outra dimensão e prestam culto à união que tiveram em vida.

Diz a lápide:

Há, entre nós ambos,

Demasiada emoção.

Esse é o motivo

Do que tem havido!

Toma um bocado de argila,

Molha-a, amolga-a,

E faze uma imagem minha

E uma imagem tua.

Toma-as então, rompe-as

E adiciona-lhes um pouco d'água.

Transforma-as de novo

Em uma imagem tua

E uma imagem minha.

E então haverá na minha argila alguma coisa tua

E na tua argila alguma coisa minha.

E jamais coisa alguma nos há de separar.

Vivos dormiremos na mesma cama

E, mortos, na mesma sepultura[1].

Segundo o que pude testemunhar na minha observação participante no Dia de Finados, esses cemitérios construídos no centro da cidade, como também o Araçá e o da Consolação, em São Paulo, são testemunhos de um último capítulo da longa história de mais de 50 mil anos em que os seres humanos têm desenvolvido diferentes relações com a morte, envolvendo os vivos e seus mortos próximos. Dessas relações fazem parte os ritos, as manifestações afetivas e as memórias. Eles testemunham o final de uma tendência de reunir os parentes em um jazigo, próximo às residências, permitindo aos vivos visitarem seus mortos sempre que sentissem saudade ou necessidade. Embora manifestando a predominância de símbolos de fé cristã, são cemitérios públicos que reúnem corpos de famílias de diferentes religiões, mostrando já o ecletismo e a diversidade que hoje predominam. Como dissemos no início do texto, essas famílias investiram tempo, afeto e dinheiro para construir e manter esses jazigos, na esperança de permanecerem juntos após a morte. Trata-se de uma homenagem à família, à ascendência, aos laços de

---

1 Conforme pesquisa, esta poesia foi extraída do livro do escritor chinês Lin Yutang, intitulado *A importância de viver*, de 1950. Teria sido escrita pela esposa de um pintor chinês, Yüan Chao Mengfu, ela também pintora, que pressentia perder o marido que buscava uma amante. A poesia fez com que continuassem juntos e o marido mudasse de ideia.

união que estabeleceram. Esses "campos santos", como eram chamados, procuravam ser os mais ricos e belos possível e se prestavam à essa reverência pública e constante que diziam muito dos mortos e dos vivos.

Na segunda metade do século XX, esses cemitérios não foram mais construídos – os preços dos terrenos nas grandes cidades tornaram proibitiva a compra de jazigos, as leis impedem essa proximidade entre vivos e mortos que a ciência também não recomenda. Por razões de praticidade, de racionalidade e de uma nova atitude em relação aos mortos, pela existência de famílias menos estáveis e mais fluídas, por uma sociedade muito mais móvel e plural, a morte e o culto fúnebre têm se transformado radicalmente. Podemos perceber nessa nova atitude uma negação da morte que se torna tabu, um culto ilimitado da vida e uma rejeição completa aos sentimentos de dor e sofrimento. A sociedade contemporânea não aceita o luto, a depressão, as dificuldades emocionais – quem quiser sofrer que o faça na intimidade e não publicamente. Em público e de forma compartilhada somente sentimentos de alegria, vitória e satisfação, como se a vida fosse um ininterrupto parque de diversões.

1. HISTÓRIA DOS RITOS FÚNEBRES NO OCIDENTE

O presente trabalho pretende apresentar os ritos fúnebres que são oferecidos pela cultura e pelas religiões como forma de estabelecer uma relação satisfatória dos vivos com suas perdas e com seus mortos, permitindo o que Freud chamou de um luto saudável, ou seja, aquele capaz de possibilitar o desinvestimento da libido no que foi perdido – um ente, um objeto, uma condição de vida – com o qual o enlutado mantém forte relação de identificação. Partimos do princípio de que o sofrimento que advém com a perda promove um período de *desprazer*, como diz Freud, no qual o enlutado procura fazer vencer o princípio de realidade, aceitando que o perdido não está mais presente ou não é mais real. Isso fará com que ele acabe por substituir o pesar da perda, obedecendo à pulsão de vida, cortando os laços e as relações libidinais com o perdido.

Os rituais fúnebres tendem, portanto, a conter as pulsões de morte e estimular as pulsões de vida, promovendo a reelaboração das relações com o que foi perdido. Quando isso não acontece, predomina o luto patológico em que o enlutado permanece identificado com o perdido, numa relação ambígua de amor e ódio, e forte narcisismo. Este trabalho começa por analisar os ritos fúnebres, de natureza religiosa e cultural, procurando entender como auxiliam o processo de elaboração da perda que conduzem à substituição do perdido, ao estabelecimento de uma relação saudável com ele que implica, como veremos, na criação de uma memória e de práticas e comportamentos que permitem ao enlutado passar da perda à reconstrução da vida.

Sabemos que os rituais fúnebres são culturais e dependem da época, das mentalidades e das crenças vigentes. Assim, vamos tecer inicialmente considerações de como a morte tem sido vista no Ocidente e quais suas transformações históricas. Para efeito desta pesquisa, consideramos como rito o conjunto de procedimentos formais, aceitos por um grupo ou uma coletividade que tende a tornar fatos cotidianos ordinários em extraordinários, ou seja, marcantes da vida social, conforme definição do Dicionário de Ciências Sociais, da Fundação Getúlio Vargas (1986). Diversos autores têm se dedicado a estudar os ritos como ação individual ou coletiva sobre determinados acontecimentos com uma função simbólica e mística, isto é, para expressar uma dada crença e reafirmando-a através de atos formais e predominantemente públicos. Mas é Clifford Geertz quem faz referência à função dos ritos em "(...) oferecer uma explicação não necessariamente verbal para o sofrimento e, assim, torna-lo superável" (MIGLIORINI, 2009, p. 20) Nesse sentido, Rogério Costa Migliorini (2009) lembra que os rituais funerários marcam a passagem de uma pessoa de um estado – terreno, temporal e histórico – para outro, ahistórico e atemporal. Mas, afirma, tais rituais têm função especialmente importante para os vivos se darem conta dessa mudança, proclamando-a, legitimando-a e podendo, assim, dar continuidade à vida. Diz ele:

> (...) sempre recorremos ao poder estruturador dos ritos quando nos vemos em situações novas e desconhecidas. Esse poder reside no fato de o rito lidar com o imaginário ao apresentar soluções mesmo que mágicas para dominar a realidade, tal como a fantasiamos. (MIGLIORINI, 2009, p. 25)

Pré-História – O homem, um ser consciente da própria morte

Richard Leakey (1998) foi um arqueólogo que descobriu grande parte das ossadas humanas mais antigas que se conhece e escreveu um livro importante sobre a evolução da espécie humana, chamado *O povo do lago*. Nessa obra, ele afirma que o ser humano é um dos únicos animais capazes do sentimento de individualização – ou seja, capaz de se compreender como um ser único, uma subjetividade. A maioria dos demais primatas, quando se olham em um espelho, por exemplo, com exceção dos chimpanzés, pensam estar diante de outro animal que se encontra do outro lado da superfície espelhada. O ser humano não – desde tenra idade, como explica Jacques Lacan, ele é capaz de se reconhecer na imagem refletida no espelho e de entender que aquele que o segura é o outro, o não eu. Essa experiência foi desenvolvida e explicada pelo psicanalista no seu estudo *O estádio do espelho*.

O autor ressalta que esse processo simbólico de inteligibilidade da imagem e de identificação do observador com ela se dá antes mesmo do aprendizado da linguagem verbal, quando esta lhe dará, por meio de palavras, veículos primordiais de expressão dos processos subjetivos. Lacan vai desenvolver seu ensaio explicando a importância desse processo de imago-identificação para essa prematura manifestação da individualização.

Pois bem, Leakey afirma que à medida que se desenvolveu essa consciência de si mesmo, o ser humano adquiriu também a consciência da própria morte. Diz ele: "Quando a certeza da mortalidade surgiu pela primeira vez na mente de nossos ancestrais, eles devem ter começado a se importar com seus mortos e inventaram o ritual do enterro" (LEAKEY, 1998, p. 60).

Leakey (1998) indica que algum cuidado de elefantes com outros membros de seu grupo, após a morte, também tem sido notado, como, por exemplo, a colocação de ramos de árvores cobrindo o corpo do morto. Mas, nos demais animais, nunca se identificou qualquer processo ritualístico que demonstrasse a consciência da morte e a preocupação com o que dela restou. Os mais antigos sinais de rituais fúnebres foram achados entre os Neandertais, um ramo da evolução humana que já pode ser considerado como nosso antepassado, tendo vivido entre 100 mil e 50 mil anos atrás. Nas montanhas de Zagres, no Iraque, um corpo foi encontrado pelos arqueólogos, deitado em uma cama de flores. Há 200 mil anos, entre os hominídeos que antecederam o *homo sapiens*, há vestígios fortes de que um grupo, na China, comia os miolos daqueles que morriam, como parte de um ritual fúnebre.

Pascal Dibie (1988), em um livro em que estuda os diferentes hábitos que os seres humanos desenvolveram para dormir, pesquisa também os leitos de morte e conta que o cuidado com o corpo dos que morreram data de mais de 50 mil anos, tendo se iniciado efetivamente com os neandertalenses. As tumbas mais antigas mostram que era comum o uso do ocre vermelho para pintar os espaços onde eram deitados os corpos e, às vezes, para pintar a testa do cadáver. Essas manifestações arcaicas demonstram o germe de um sentimento de ligação dos vivos com os mortos e o princípio de formulação de crenças religiosas. Interessante pensar que o cuidado com os rituais fúnebres e com o corpo do morto ocorrem em todas as culturas humanas, variando sua forma, duração, sustentação filosófica e papéis sociais. Essas práticas, entretanto, se repetem em um mesmo sítio, demonstrando que, sendo a morte, nos primórdios de nossa história, um acontecimento público, assim o eram também os atos funerários que se transformaram, com o tempo, em ritos.

Sítios arqueológicos da Idade do Bronze, em Portugal, mostram que havia sepultamentos em vasos e urnas nos quais o morto era colocado em posição fetal, com utensílios, pertences e restos de animais que eram oferecidos em homenagem ao morto. Arqueólogos veem nos rituais fúnebres um importante elemento de integração familiar e de afirmação de sua importância. O enterro do morto com seus bens teve, desde essas priscas eras, um caráter exibicionista de posse e poder. Alimentos e bebidas eram colocados em urnas de cerâmica cujos desenhos revelam terem sido feitas especialmente para os rituais fúnebres, o que aponta para uma produção já planejada e pensada em função do rito. Foram encontradas diversas fossas mortuárias em locais habitacionais o que mostra que era íntima a relação entre mortos e vivos no começo da civilização humana. As mais complexas tumbas eram construídas com uma antecâmara retangular ou oval que dava passagem à câmara ou espaço onde era colocado o defunto. Os restos de animais que acompanham os achados arqueológicos fazem crer que houvesse festividades nos ritos mortuários, uma espécie de "comensais", como são chamadas as refeições compartilhadas de forma ritual.

Em outros sítios da Europa, sepultamentos individuais ou familiares (com duas ou três ossadas) são encontrados nesse tipo de construção com câmaras e antecâmaras ou em escavações nas rochas, sobre as quais se ergue uma colina artificial. Aos poucos, à medida que se desenvolve a sedentarização e a agricultura, começam a surgir os cemitérios coletivos que são testemunhos de uma estrutura social mais avançada e de crenças religiosas mais estruturadas. Alguns desses cemitérios já mostram o culto à deusa-mãe. Túmulos megalíticos já aparecem nesse cenário, do Mar Mediterrâneo ao Mar do Norte, na Europa CLARK, 1975).

Com essas informações e com esses vestígios, vemos que o sepultamento dos corpos dos mortos teve início ainda no período de caça e coleta, vida nômade e estrutura social frágil, tendo tido sua origem em uma nascente relação familiar e clânica amparada em crenças animistas e mágicas. Com a sedentarização, a agricultura e uma estrutura social mais alicerçada, surgiram os cemitérios coletivos e rituais fúnebres mais sofisticados. De qualquer forma, estabelecia-se uma relação entre mortos e vivos, amparada pela estruturação dos laços de parentesco. À medida que ficava para trás um modo de vida mais natural (de acordo com os instintos inatos) e ganhavam espaço os laços de parentesco, a hereditariedade familiar adquiria importância assim como estabelecer e registrar os vínculos de ascendência. Os rituais fúnebres encontram explicação quer nas crenças religiosas a respeito da vida após a morte, quer nas transformações da vida social e nas necessidades dos vivos – necessidades biológicas, sociais e psíquicas. Devemos lembrar que o processo de fecundação e reprodução não era conhecido e se atribuía aos deuses a fertilidade que dava origem à vida. É provável que os sepultamentos marcassem as relações de paternidade e maternidade que passavam a existir por toda a vida e, então, mesmo depois da morte.

Antiguidade - a morte como passagem

Na Antiguidade, quando diversos reinos se formaram com uma população numericamente significativa e um poder centralizador que administrava uma área importante, vemos que o sepultamento testemunha a existência de uma religião estruturada, institucionalizada e poderosa que regulava a vida dos vivos e dos mortos. Foi assim entre os egípcios, persas e chineses. Os rituais fúnebres testemunharam também que os sepultamentos passaram a identificar a importância da pessoa morta – quanto mais importante ou pertencente às castas mais elevadas, mais ricas as tumbas e mais complexas as cerimônias. Os reis eram considerados descendentes dos deuses e mantinham com os sacerdotes uma relação muito próxima que lhes garantiam, assim como à sua nobreza, exéquias de grande imponência.

Na Mesopotâmia, junto a grandes cidades como Ur, foram encontradas tumbas que datam ainda do período neolítico – os corpos eram enterrados com seus pertences e estavam em posição fetal. Nas tumbas dos imperadores e da alta nobreza foram encontradas ossadas de vítimas que se ofereciam em holocausto tomando doses de veneno cujos vestígios foram perceptíveis às análises. Esse sacrifício, ao que tudo indica, era voluntário, não havendo sinais de violência nos corpos. Os egípcios também deram enorme importância aos sepultamentos e a ritos muito complexos de embalsamamento – crentes na vida após a morte, procuravam manter íntegros os corpos dos mortos que eram acondicionados em sarcófagos depostos em câmaras que chegavam a medir 700 metros de comprimento. Já os hititas enterravam seus mortos dentro de casa, como outros povos da pré-história e, por vezes, os cremavam.

Na China, diversas tumbas foram descobertas datando de 6 mil anos atrás e os mausoléus que foram erguidos nas dinastias posteriores a essa data mostram que os imperadores apreciavam a vida e queriam se preservar da morte e do esquecimento. Os mausoléus eram tão ricos e imensos como os palácios. Conta-se que o imperador Tsin Shih-Huang-Ti, mesmo depois de morto, foi carregado por nove meses por seus servos que pretendiam que o povo não soubesse de seu falecimento. Para evitar que o cheiro revelasse a decomposição, colocavam tonéis com peixe para disfarçar o odor que já exalava. Relatos como esse que se encontram em obras poéticas e literárias, mostram que era íntima a relação que os vivos mantinham com seus mortos na Antiguidade (LISSNER, 1968).

Entre os gregos, os sepultamentos eram familiares e tinham o costume de enterrar os pertences e joias juntamente com o cadáver, os corpos eram deitados com o rosto voltado para o leste. Com os homens, enterravam-se as armas, com as mulheres, os adornos. Camila Diogo de Souza (2015) estudou os vasos mortuários dos gregos do século VIII a. C., descobrindo que os funerais eram constituídos de duas partes igualmente importantes – a *próthesis*, que se ocupava da preparação e purificação do corpo do morto por meio de banho e aplicação de óleos e unguentos, das vestimentas e exposição do defunto, acompanhada de lamentos dos vivos durante o velório, e a *ekphora*, que consistia no cortejo fúnebre em que o morto era levado da sua residência até a necrópole.

Os romanos, como os gregos, preferiam enterrar seus mortos. As famílias mais abastadas possuíam terrenos fora da cidade onde depositavam os mortos, identificando as tumbas com nomes e data das mortes. Os que não tinham posses para isso, cremavam o corpo dos mortos e depositavam as cinzas em vasos e urnas. Judeus e cristãos que estavam em uma condição social inferior, mas acreditavam que se deveria conservar os corpos para uma futura ressurreição no final dos tempos, construíram galerias subterrâneas onde sepultavam os cadáveres – as catacumbas. Lá, os cristãos que, inicialmente, eram perseguidos no Império Romano, sepultavam seus mártires e os cultuavam. Posteriormente, as catacumbas serviram de refúgio para aqueles que se sentiam ameaçados por Roma. Depois que a religião cristã se tornou religião oficial do Império, os mártires foram retirados das catacumbas e tiveram seus restos mortais transportados para as basílicas erguidas em sua homenagem. Os restos arqueológicos das catacumbas foram descobertos, por acaso, no século XVI, e hoje pertencem à Santa Sé, em Roma.

Segundo Otto Gerhard Oexle (1996), na Antiguidade, os rituais fúnebres eram uma questão privada, isto é, com exceção dos soberanos, os mortos dependiam das famílias para promoverem os féretros e as tumbas, cada qual utilizando os bens que lhe pertenciam – bens móveis e terras. Só as autoridades e os heróis tinham direito às honras de Estado, sendo os demais rituais predominantemente familiares. Com relação a estes, o Estado se limitava a proibir enterros nos perímetros das cidades.

Essa oposição entre as obrigações rituais privadas e o direito do Estado de nelas interferir está presente em uma das obras mais importantes da dramaturgia grega. Em *Antígona*, peça de Sófocles baseada na mitologia grega, esta heroína, filha de Édipo e Jocasta, se insurge contra seu tio Creonte, rei de Tebas, para conceder os ritos fúnebres ao seu irmão Polinice, morto quando tentava destituir o tio do trono. Antígona, fiel aos preceitos tradicionais da religião, segundo os quais a alma de um morto, sem as exéquias, vagaria indefinidamente sem chegar ao Hades, confronta-se com Creonte, que representa o poder da cidade. Desobedecendo ao tio, ela enterra Polinice, pelo que é condenada e morta, e, segundo Sófocles, enterrada viva. Esse mito, assim como a tragédia que o narra, é muito significativo porque trata da importância do rito fúnebre familiar e das obrigações dos vivos por se responsabilizarem por ele.

Tanto Philippe Ariés (1990) quanto Otto Oexle (1996) ressaltam como a morte, na Antiguidade, era vista de forma mais natural do que na Modernidade. Vivos e mortos eram próximos e os mortos tinham um estatuto jurídico de "pessoa".

Eram cultuados, lembrados, mencionados continuamente no discurso dos vivos, tornavam-se patronos, líderes de grupos e instituições e sua vontade, assim como seus feitos, eram parte da cultura e da vida dos vivos. Era, entretanto uma concepção laica da morte, numa sociedade na qual ela era bastante comum e aceita como uma "passagem" da vida.

A psicanalista Maria Julia Kovács (2003), baseada também em Ariés (1990), comenta, em seu livro *Educação para a morte – temas e reflexões*, que, no passado, os mortos estavam sempre, de alguma forma presentes entre os vivos, não havendo uma delimitação precisa entre o natural e o sobrenatural. A ideia de um mundo de certa forma povoado de almas do além, interferindo e se relacionando com os vivos, está presente nas mitologias, nas obras literárias e nas superstições. Os rituais fúnebres eram complexos e demorados, repletos de discursos, explosões sentimentais e encenação – da Antiguidade nos chegou, por exemplo, a função da carpideira, mulheres que recebem dinheiro para "chorar" os mortos, ajudando a promover a comoção pela partida do ente querido. Por essa razão temia-se a morte súbita e a impossibilidade de preparação cerimonial, especialmente o "encomendar" da alma do defunto.

Marialva Barbosa (s/d, p. 11), em seu artigo *A morte imaginada*, afirma que

> Segundo Ariès (1977 e 1985) (...) Na Antiguidade, aceitando a natureza, o homem aceitava a morte. Mas uma série de fenômenos, capitaneados pela ideia de destino coletivo, mudará esta atitude. O Cristianismo ao introduzir a ideia de que ao morrer o homem presta contas de seus atos, sendo julgado a partir de um balanço de sua vida, de suas boas e más ações – quando os bons são naturalmente absolvidos e merecedores da vida eterna no Paraíso – introduz uma nova ideia

em que a morte não representa mais finitude. Há uma recusa em assimilar o fim da existência.

Para Oexle (1996), outro fator foi o desencadeador da mudança de atitude com relação à morte. Foi a peste que, provocando uma quantidade imensurável de cadáveres por toda a Europa, tirou das famílias a responsabilidade pelos enterros e funerais, passando o Estado a se desfazer dos mortos de forma bem informal. Os mais ricos eram depostos em valas comuns e os indigentes eram deixados a esmo, o mais longe possível das cidades. A peste obrigou também à migração das pessoas que procuravam fugir dos focos mais endêmicos, passando a viver longe de seus mortos. A consequência disso foi um distanciamento entre as famílias e seus mortos e a paulatina passagem da responsabilidade por guardar os cadáveres para o Estado.

Assim, chegamos à Idade Média, época em que o poder hegemônico da Igreja vai tornar os rituais fúnebres predominantemente religiosos.

Idade Média - Os ritos fúnebres se cristianizam

As invasões germânicas na Europa trouxeram para o Ocidente uma série de crenças religiosas bastante complexas que buscavam estimular o espírito guerreiro, as lutas e guerras, valorizando a audácia e a coragem. A vida após a morte era cheia de regalias para todos os que morressem em batalhas ou conquistas e os funerais expressavam a importância do morto para a vida coletiva dos grupos. Os corpos dos mais ilustres eram cremados com madeira perfumada e com ele eram incinerados objetos, armas, escravos e, às vezes, a esposa que, voluntariamente ou não, era sacrificada. A cerimônia fúnebre era alegre, uma vez que o herói chegaria ao paraíso carregado pelas Valquírias que lhe serviriam comida e bebida. Entre os vivos, festejava-se, portanto, a vida honrosa de seus heróis e a morte digna (MALTAURO, 2005). A ideia de um banquete festivo para comemorar os funerais era comum entre os povos germânicos.

Mas, como sabemos, a Idade Média foi uma era de domínio e hegemonia do cristianismo, por meio da Igreja Católica, que veio a substituir o imenso vazio que se criou na Europa com o fim do Império Romano. A Igreja passou a administrar a vida social e religiosa, que ganhou cada vez mais importância. Assim, os rituais fúnebres dos povos germânicos, considerados bárbaros pelos europeus latinizados, assim como outros costumes, foram considerados pagãos. E, à medida que celtas, godos, visigodos e vikings foram sendo cristianizados, começou a haver, por parte da Igreja, um esforço por disciplinar os rituais populares considerados inadequados. Era um movimento de reforma religiosa, que precederia a Luterana, com o intuito de organizar internamente a vida dos cristãos e, externamente, a sociedade como um todo. A intenção era diminuir a violência endêmica e apaziguar a Europa. Essa reforma recebeu o nome de Paz de Deus. Com essa disposição, foram considerados sagrados certos espaços – igrejas, cemitérios, conventos, escolas e orfanatos. Nessa época, séculos X e XI, os mortos começam a ficar sob responsabilidade da Igreja, que passa a enterrá-los junto a esses espaços sagrados. Igrejas que abrigavam cemitérios e as tumbas de membros do clero passaram a constituir ponto relevante nas paisagens das cidades europeias (FELDMAN, 2015). No interior da Igreja aceitavam-se os corpos do clero e daqueles que se destacam por sua nobreza ou mérito. Os demais deveriam encontrar espaço no cemitério.

Assim, as cerimônias fúnebres adquiriram feições predominantemente religiosas e cristãs. Banquetes, danças e músicas foram proibidos e teve início um ritual severo e silencioso. Instituiu-se o sacramento da extrema-unção, uma bênção em que o doente ou idoso é ungido com óleo para aliviar seu sofrimento e prepará-lo para entrar na Casa do Pai. Vamos lembrar que para os católicos, a vida é sofrimento, em razão do pecado original cometido por Adão e Eva, cuja pena foi a expulsão do Paraíso e a mortalidade. Após a morte, a alma imortal ascende ao Paraíso, ou Casa do Pai, para a felicidade eterna. Para que isso ocorra, a Igreja oferece os sacramentos extremos – a unção com óleo, a confissão e a comunhão – quando aquele que vai morrer tem seus pecados perdoados. Quem morre sem esses sacramentos e, portanto, não teve tempo ou oportunidade de pedir perdão por seus pecados, vai para o Purgatório ou, nos casos piores, para o Inferno. No primeiro caso, a alma do morto permanecerá pelo tempo de expiação de suas culpas, ascendendo depois ao Paraíso. Aquele que, por seus pecados, merecer o Inferno, terá sofrimento eterno. Com essa doutrina tão rígida, a cristandade passou a exigir na sua morte a intervenção de sacerdotes, diáconos e monges que ministravam os sacramentos e rezavam pela salvação da alma do morto. Passou-se a exigir também missas e orações pela salvação da alma que, via de regra, eram de responsabilidade da família do morto. O féretro era acompanhado por procissão com familiares, amigos e vizinhos, além de sacerdotes – o corpo do morto ia de sua casa para a Igreja, onde ficava exposto aos pêsames até a hora do enterro, em uma tumba familiar no cemitério. Com o tempo, toda essa celebração passou a exigir pagamentos à Igreja, havendo casos de doações significativas em dinheiro e bens.

Aqueles que não tinham família ou posses para assegurar essas bênçãos, procuravam se tornar membros de confrarias profissionais ou irmandades que reuniam devotos a um santo ou santa e, como "irmãos" (membros dessas confrarias) faziam pequenas doações durante a vida, o que lhe assegurava um lugar para ser sepulto e as honras fúnebres da Igreja. No Brasil colonial foram inúmeras as confrarias responsáveis inclusive por erigirem igrejas como as que há em Minas Gerais, construídas no século XVIII, na época da mineração e da escravidão. A Irmandade de Nossa Senhora do Rosário, por exemplo, reunia escravos e ex-escravos e lhes garantia apoio afetivo, celebrações, socorro jurídico e a certeza de uma sepultura ao redor da Igreja dedicada ao padroeiro ou padroeira.

É também na Idade Média que se consagra o costume do morto ser enterrado no jazigo da família, independentemente de onde tenha morrido. É nítido o esforço dos túmulos reunirem antepassados, obedecendo-se a patrilinearidade, isto é, homens e mulheres são enterrados com seus pais e avós e, no caso dos casais, é o túmulo da família paterna que os abriga. Mulheres casadas são preferencialmente enterradas no túmulo da família do marido. O desenvolvimento das cidades, como veremos irá alterando esses costumes que são mais resistentes no meio rural.

Assim, aquilo que se faz com os mortos cria laços de solidariedade dos vivos para com eles, alicerça a memória das famílias, promove a identidade e a organização das sagas familiares. Cuidar dos mortos que são próximos e afeiçoados, parece garantir o reencontro em outra vida após a morte (CIFFOLEAU, 1996).

Renascimento e Modernidade – urbanização e laicidade

O ritual que acabamos de descrever sobre os costumes estabelecidos na Idade Média cristã europeia foi aquele que se expandiu pelo mundo colonizado pelas metrópoles europeias, inclusive o Brasil. Aqui, a Igreja Católica esteve presente desde os primeiros momentos em que desembarcaram os portugueses. O quadro de Victor Meirelles, *A Primeira Missa no Brasil*, mostra que, desembarcados os conquistadores, os primeiros rituais religiosos já começam a se realizar frente a inúmeros nativos que os observam atentos. Com a cristianização da colônia, introduzem-se as práticas religiosas europeias: são erguidos seminários e igrejas e, ao seu lado, sob administração da cúria, os cemitérios. Lá as famílias de posses enterravam seus mortos. Donos de terras, muitas vezes, erguiam capelas em suas propriedades e nelas enterravam os parentes mortos, mas o princípio dos cemitérios, ligados às igrejas, se disseminou pelas vilas e cidades.

Enquanto esse costume atravessava os oceanos e se implantava para além da Europa, no Velho Continente, mudanças substanciais provocaram o declínio dos funerais cristãos. Um dos fatores responsáveis pelas mudanças nos rituais de morte foi a urbanização – as cidades começam a atrair uma grande população que vivia no campo e que se muda em busca de trabalho. Casais ou mesmo trabalhadores solitários passaram a viver longe da família de origem, deixando de ter parentes responsáveis pelos seus féretros. Por outro lado, as doenças e as pestes são mais controladas, a população aumenta e as cidades se desenvolvem. Longe de sua terra natal, de sua família e dos antepassados, os novos cidadãos vão desistindo dos mausoléus familiares. Os túmulos se tornam menores, abrigando a família nuclear – pais, filhos e, às vezes, irmão, tios e tias. Mesmo para esses túmulos, era preciso planejamento e economia durante a vida, além de solicitação explícita (por escrito e, às vezes, em testamento público) de como se conduzir com o defunto após a morte. As futuras exéquias passavam a ser responsabilidade individual do vivo que, muitas vezes, deixavam quantias significativas para essa finalidade.

Ao lado da urbanização, o desenvolvimento da ciência começa a disseminar uma ideia higienista que faz com que a proximidade com cadáveres seja malvista pelos vivos. Nas cidades, os terrenos que ficam próximos aos cemitérios são comercialmente desvalorizados por essa razão. O desenvolvimento da medicina e dos hospitais, muitos deles, inicialmente, ligados às paróquias cristãs, começa a trazer um novo hábito – as pessoas não morrem mais em casa, rodeada pelos parentes, mas nos hospitais, entre enfermeiros e médicos, mesmo quando a família está por perto acompanhando o doente.

Michel Foucault (1981) afirma que esse processo de descristianização da morte é devido também ao desenvolvimento do capitalismo, modo de produção que dá ao corpo um novo valor – o de força de trabalho na indústria. O corpo deixa de ser a morada da alma, como era na Idade Média cristã, e passa a ser a máquina de produzir bens, de manejar a máquina. Em razão disso desenvolve-se a medicina social na França e as campanhas higienistas (COSTA, 2007).

Tem início o desenvolvimento da ideia do "mau cadáver" – aquele que, por razões científicas ou por superstição, acredita-se que possa trazer infelicidade ou má sorte. A partir do século XV, assiste-se a manifestações culturais envolvendo medo e ameaça associados à morte – é o macabro que se vê expresso na literatura e nas artes plásticas. O termo "macabro" – que não se sabe se de origem romana ou árabe – faz referência a uma dança fúnebre – dança macabra – que, na Idade Média, representava a morte. Também na arte barroca e gótica, nos séculos XVII e XVIII, a morte e a passagem do tempo, a fugacidade da vida foi um tema importante explorado pelos artistas.

Um bom exemplo de como a morte se torna tema importante na Modernidade e como estimula manifestações artísticas de caráter trágico é a Capela dos Ossos da cidade de Évora, em Portugal. No século XVII, padres franciscanos decidiram erguer junto à Igreja de São Francisco uma capela na qual usaram para as paredes ossos e crânios de cadáveres exumados dos cemitérios da cidade. À porta, lê-se a mensagem: "Nós ossos que aqui estamos, pelos vossos esperamos". Trata-se de uma mensagem no mais fiel estilo barroco que alerta os visitantes para a transitoriedade da vida.

Mas, além das manifestações artísticas bastante conhecidas que exploram o tema da morte e do macabro, vemos surgir na Modernidade certas superstições que inspiram o medo do morto e da morte, como a que diz que uma mulher que vê um cadáver corre o risco de não mais menstruar. Nas religiões orientais, estimula-se os adeptos a nada levarem do cemitério para fora – deixar até mesmo utensílios, como vassouras e tesouras com as quais se mantém o jazigo e lavar bem as mãos antes de deixar o campo santo.

Nesse novo cenário do Ocidente, torna-se constante a mobilidade espacial das pessoas – a colonização de outros continentes faz com que levas de imigrantes trocassem de país e até de continente, indo arriscar a sorte além-mar. Muitos, como já dissemos, deixam o meio rural pelas cidades e, com o desenvolvimento dos transportes e da economia capitalista, as pessoas mudam-se das suas cidades e regiões em busca de novas oportunidades de trabalho e ganho. As pessoas vão perdendo o contato constante com seus familiares, com suas raízes e com seus antepassados. Não podemos esquecer também da escravidão, que levou milhões de africanos para diferentes partes do mundo onde foram trabalhar preferencialmente na agricultura.

Para completar esse quadro de mudanças, a Reforma Protestante ameaça a hegemonia da Igreja Católica na condução das almas. Novas doutrinas e novos rituais começam a se instalar e se espalhar pelo mundo através da imigração e dos movimentos missionários. Essas crenças e rituais, por sua vez, misturam-se, em um movimento sincrético, com as religiões dos povos nativos encontrada pelos colonizadores. No Brasil, por exemplo, vamos ver se multiplicarem as religiões derivadas da mistura do cristianismo europeu com as religiões africanas e indígenas.

Esse processo, que ocorreu a partir do século XV, modificou profundamente a mentalidade dos povos, alterando radicalmente a maneira como as pessoas encaram a morte e como celebram os rituais fúnebres. A maioria das pessoas passou a viver em uma sociedade mais individualista e laica, em que os laços de solidariedade e familiaridade estão muito mais esgarçados. As grandes e expressivas demonstrações de dor passam a ser reprimidas, o velório não se dá mais na casa das famílias, surgem empresas especializadas em oferecer de tudo, do caixão às flores e velas, da cremação à despedida do esquife. Os períodos de luto familiar, em que viúvos e filhos se vestiam de negro e encomendavam missas e orações são drasticamente reduzidos e, muitas vezes, extintos. As cerimônias fúnebres são cada vez mais discretas e os pêsames breves

O próprio nome que recebe o período de transição de uma sociedade medieval para a Modernidade – Renascimento – mostra que as pessoas passaram a pensar na vida terrena como o centro de sua realização pessoal e felicidade e a morte não mais como uma passagem entre diferentes planos da existência, mas como o fim da vida, momento em que tudo se extingue. Por outro lado, apesar dos esforços da ciência e da vida pública, convivemos, como nunca, com desastres e violências que colocam essa vida tão valorizada em risco. Percebemos, assim, que a Modernidade representou a secularização da vida em sociedade, com a substituição das tarefas sociais da Igreja Católica pelas instituições públicas que se multiplicaram. Também no âmbito da vida privada, percebe-se a crescente perda de importância das tarefas religiosas na vida doméstica. Com esse duplo processo de laicização e secularização, aumentam os temores da morte, a insegurança e as dificuldades em lidar com a vida e com os mortos. Pouco a pouco, os rituais fúnebres e os cuidados com o morto caem em desuso e passam a ser considerados como típico de uma mentalidade provinciana.

Ao lado dessa nova atitude diante da morte e dos funerais, a Modernidade se caracterizou pela perda de importância política e social da Igreja Católica no Ocidente, desde a Reforma Luterana, no século XVI. O crescimento das Igrejas protestantes e sua proliferação, bem como a presença de seus rituais na vida cotidiana, fez com que os tradicionais ritos católicos fossem perdendo sua força. Mesmo entre os católicos, os sacramentos como o batismo e o casamento, assim como os funerais, se secularizaram e as comemorações festivas e familiares acabaram por ter maior importância do que as cerimônias religiosas. Os processos civis foram ganhando relevância e as instituições públicas passaram a predominar, com legitimidade constitucional. Além dessa secularização da vida pública e privada, processa-se a diversificação religiosa na família e a espetacularização das cerimônias sacras que passaram a ter um caráter cada vez mais festivo, social e ostentatório.

A criação dos cemitérios públicos, sob jurisdição das prefeituras das cidades, também respondia a essa necessidade de pluralismo religioso, permitindo que se enterrassem lado a lado católicos, protestantes, muçulmanos e judeus. A diversidade religiosa passou a ser cada vez mais aceita. Edilaine de Campos Gomes (2006) escreveu um artigo intitulado *Morte em família: ritos funerários em tempo de pluralismo religioso*, no qual relata um fato observado em sua pesquisa. Um marceneiro, em 1988, pai de família, agonizava no leito de morte, em sua casa, quando foi visitado pela nora, que havia se convertido à

Igreja Pentecostal. Diante do sogro doente, começou a rezar suas orações nas quais pedia para que ele se convertesse à sua religião "aceitando Jesus". Em dado momento, o doente ergueu os braços e pouco depois veio a falecer. A filha, que era católica como o pai, disse que ele erguera o braço por discordar das orações, enquanto a nora entendia que o gesto do sogro era a aceitação do Pentecostalismo. O conflito se prolongou até o velório, quando a nora foi impedida de trazer os pastores de sua crença para as últimas bênçãos. Por meio desse relato, a autora explica as transformações e conflitos nos rituais familiares provenientes do que ela chama de pluralismo religioso, ou seja, o declínio das religiões familiares e predomínio da crença individual.

A morte na atualidade

A sociedade contemporânea apresenta peculiaridades que têm modificado a forma de morrer e a maneira como os sobreviventes se situam em relação aos mortos. Fazendo referência a essas mudanças, Roseney Bellato e Emília Campos de Carvalho (2005, s/p), doutoras em Enfermagem, assim escrevem no artigo *O jogo existencial e a ritualização da morte*:

> Esse passou a ser o templo da morte solitária. Apenas os parentes mais próximos acompanham, a uma distância segura, o findar, não raro longo e silencioso, do ente querido. Chega ao fim a morte solene e circunstanciada, em família: morre-se no hospital, símbolo da extraterritorialidade da morte. Sendo a morte considerada obscena e embaraçosa, nada pode deixar de vestígio. E o imenso dinamismo mortuário já não é da ordem da piedade, é o próprio signo do desamparo.

Por outro lado, toda a tradição filosófica e religiosa da Antiguidade, que considerava a existência constituída por uma vida terrena e outra após a morte, esta celebrada com festas e danças, foi sendo esquecida. Adquire consistência um forte apego à vida terrena e à individualidade, descartada dos laços de parentesco e ancestralidade que as cerimônias fúnebres vinham tornar visíveis e homenagear.

Estudiosos defendem que a morte, na atualidade, se tornou um tabu. Procura-se, se possível, sequer pronunciar seu nome. Quando um parente morre, diz-se que "descansou". Às crianças, inventa-se que o morto virou uma estrela e desaconselha-se que elas participem das cerimônias fúnebres.

Diversos estudos tratam das peculiaridades das mortes e dos rituais fúnebres na atualidade. Lana Veras (2015) escreve que nossa sociedade não admite a tristeza. Diz ela: "A modernidade via o futuro como *lócus* da felicidade obtida por meio de um progresso ilimitado e desejado da ciência e da técnica" (VERAS, 2015, p. 30). Diante do fracasso desse objetivo, desenvolveu-se a medicalização do sofrimento, numa tentativa de patologizar a tristeza. O luto não fugiu a essa tendência – diante da morte de um ente querido e próximo, espera-se que o enlutado seja discreto na manifestação de sua dor. Ao mesmo tempo, procura-se embelezar a morte com todo aparato de tanatopraxia disponível, tornando o morto mais apresentável e disfarçando nele os sinais da morte. Se a dor do enlutado parece ter dimensões não controláveis nesse ritual acético, é comum transformá-la em sintoma com médicos determinados a administrarem drogas capazes de conter ou diminuir a sensibilidade ao sofrimento. Também não é mais a família que toma providências em relação ao morto e às condolências. Agências funerárias cuidam de avisar amigos e parentes e a recebê-los para as exéquias em locais planejados para isso, transformando o ritual fúnebre em um "evento" social. Explica Veras (2015, p. 32): "A comercialização do produto funerário segue as estratégias mercantis comuns aos demais setores. Uma necessidade do setor é desmistificar seu produto, desfazendo suas históricas ligações com sofrimento...".

Fernanda Maria Matos da Costa (2007) inicia sua Dissertação de Mestrado sobre a criação do cemitério público da cidade de Juiz de Fora (Minas Gerais) com excentricidades a respeito do que se oferece, hoje em dia, para os rituais fúnebres. Vejamos a que grau chega a criatividade empreendedora do comércio fúnebre e a espetacularização das exéquias anunciadas em jornais nos anos de 2006 e 2007: uma empresa chinesa oferece o serviço de lançar cinzas dos mortos queridos no espaço. O preço depende do peso do que se quer lançar – 3 pelos e uma fotografia custa cerca de US$ 2 mil, enquanto sete gramas de cinzas em um *container* do tamanho de um batom, custa US$ 6.700. Na Suíça, uma empresa promete, por 5 a 16 mil euros, transformar as cinzas de um ente querido em diamante que poderá ser carregado diariamente como uma joia. No Brasil, na cidade de Petrópolis (Rio de Janeiro), já existe a venda caixões decorados com bandeiras de times de futebol para ser utilizado por torcedores fanáticos.

Nesse processo, o principal sentido dos rituais fúnebres, de permitir que os vivos se despeçam do morto, elaborem a perda, reafirmem os laços que sobrevivem entre os vivos, construam uma memória social e subjetiva do morto, é obstruído. A morte e a perda são disfarçadas, aceleradas e o desinvestimento libidinal em relação ao objeto dessa perda é interrompido ou bloqueado.

Essa transformação da mentalidade moderna fez aumentar a angústia em relação à morte e o sofrimento que advém da perda dos entes queridos. Podemos dizer que é efetivamente na Modernidade que se instala esse período que chamamos de luto – o desprazer (nas palavras de Freud) pelo súbito desaparecimento de alguém amado em cuja relação investimos forte energia libidinal e com o qual mantemos grande identificação. Diante da moderna concepção de vida e morte, sem os costumes que preparavam os doentes e velhos para a "passagem" e consolavam os vivos que sobreviviam à perda, o luto tornou-se uma fase difícil de ser vivida e, muitas vezes, superada. As diversas religiões que se apresentam nesse mundo plural e anônimo procuram oferecer formas de consolo e de refazer as relações presenciais rompidas com a morte. Nos próximos capítulos vamos ver como isso acontece.

2. LUTO

Colin Murray Parkes (1998) é um psiquiatra inglês que tem estudado o luto e todos os traumas que este provoca. Em seu livro *Luto – estudos sobre a perda na vida adulta*, ele traz informações importantes sobre comportamento, reações emocionais e sentimentos das pessoas enlutadas. Ele considera o luto como o acontecimento vital mais grave que uma pessoa pode experimentar na vida e afirma que, apesar da teoria freudiana ter se edificado a partir de um luto – o de Ana O., que passa a apresentar distúrbios psíquicos após a morte do pai –, os estudos a esse respeito, tratando-o em profundidade, desenvolveram-se somente na atualidade. A ciência médica, entretanto, desde o século XVII, apresenta registros do luto como *causa mortis* de pessoas, ou como "inibição do vago", ou seja, a morte que sobrevém após um choque repentino. As estatísticas também comprovam que há uma taxa maior de mortes entre pessoas enlutadas do que entre não-enlutados, bem como esse índice é maior nos primeiros meses que sucedem à morte do parente, seja o cônjuge, os pais ou filhos.

Parkes (1998) pondera que, apesar do luto não ser considerado uma doença mental pela psiquiatria, visto todos estarem sujeitos ao pesar que sucede a morte de pessoas chegadas e queridas, ele se traduz por desconforto emocional e pela alteração de certa situação de vida. Tal estado mental é chamado pelos psiquiatras de "depressão reativa". O psiquiatra considera que o luto é um processo que envolve diferentes fases e estados mentais que vão do entorpecimento, à procura, à desorganização e até ao desespero, chegando finalmente à recuperação afetiva.

O luto se caracteriza pela dor que sentem aqueles que sobrevivem a perda de um ente querido, de um objeto com o qual se identificam ou de uma atividade a qual se dedicam cotidianamente de forma envolvente. Assim o luto pode estar relacionado com uma morte ou com o fim de um relacionamento, a perda de um cargo, de uma posição social ou a interrupção de um trabalho. Pode sobrevir a um exílio, a um processo de emigração ou a um acidente que prive alguém de sua autonomia e aptidão. Sabemos que o sentimento de querer bem ou de amar é, como outros sentimentos, muito ambíguo, que pode se alternar com a raiva e o ressentimento, com os quais se mescla. Mas podemos entender o sentimento de amor e querer bem como a emoção que acompanha seres unidos por um vínculo forte, elemento essencial do ser humano e da vida em sociedade. Dessa maneira, entendemos a dor do luto como aquela que sobrevêm após a dissolução de um vínculo ocasionado por perda repentina da pessoa, objeto ou atividade com a qual se esteja vinculado e identificado.

Disse Freud (1930/2008, p. 31), na obra *O Mal-Estar na Civilização*: "Nunca nos encontramos mais desprotegidos contra o sofrimento do que quando amamos, nunca nos sentimos mais desesperadamente infelizes do que quando perdemos o objeto amado ou o seu amor". Em outro trecho da mesma obra, afirma:

> O indivíduo se torna deste modo perigosamente dependente de uma parte do mundo exterior, a saber, o objeto escolhido do amor, e se expõe ao maior sofrimento possível, no caso de ser rejeitado ou de perder esse objeto por virtude de uma infelicidade ou morte. (FREUD, 1930/2008, p. 55)

A essa perda do vínculo com o objeto ou ser amado em relação ao qual investe-se a libido, muitas vezes estão associadas outras perdas consequentes: econômicas, de posição social, de relações pessoais e, às vezes, de morada e de trabalho. Tais transformações provocam estresse no enlutado. De qualquer forma, segundo as pesquisas de Parkes (1998), há muito de sentimento e comportamento comum aos enlutados que permite estudar o luto como uma experiência de vida comum a todos que passam pela perda de um ser, de um objeto ou de uma atividade com as quais uma pessoa se identifica. Estudiosos das situações de guerra, tiveram a oportunidade de detectar síndromes comuns àqueles que perderam familiares, bens e posições sociais.

Entre os estudiosos do luto é comum encontrarmos a identificação das fases que compõem esse processo. Costuma-se dividir o luto em quatro etapas: *entorpecimento*, *protesto*, *desespero* e *desapego*, *recuperação* ou *reparação*. O entorpecimento pode durar algumas horas ou até uma ou duas semanas e é o período em que o enlutado distrai sua atenção com os preparativos para os funerais e com as atividades práticas da vida diária. Muitos enlutados afirmam que a morte, nas primeiras horas "não parece real". O momento seguinte é de protesto, de rejeição da realidade e da tentativa de reconstruir a história da morte ou da vida pregressa, em comum com o morto. Nessa fase, geralmente, o enlutado se sente incapaz de retomar sua vida, seu trabalho, seus compromissos. O desespero sobrevém com o sofrimento de perda, a saudade e a vulnerabilidade do enlutado diante do irreversível. O desapego é a última etapa, quando o enlutado aceita a morte do outro e começa a reorientar sua vida.

O mais comum, entretanto, é que os estudiosos busquem diferenciar, como o fez Freud, o luto comum do luto patológico. O luto comum é um processo pelo qual uma pessoa passa em diferentes momentos da vida após a perda de um ente ou objeto ao qual se vincula e envolve o chamado "trabalho do luto", ou seja, a liberação da libido orientada para esse objeto ou ser que desapareceu da vida do enlutado ou cuja relação que o unia a ele se rompeu. Existem etapas identificáveis de sofrimento, elaboração subjetiva e substituição afetiva até o momento final que é a reparação afetiva. Cada luto faz emergir sentimentos e sensações passadas que muitos psicanalistas julgam estar identificadas com a separação primária do lactente de sua mãe. Já o luto patológico apresenta um sofrimento mais intenso, ocorrência de depressão ou melancolia, como chama Freud, forte e crescente identificação narcísica do enlutado com o perdido, instintos suicidas e a emergência de outros transtornou psicóticos. De qualquer forma, o tratamento psicanalítico pode ajudar os enlutados em qualquer uma dessas formas de luto, ajudando a recuperação da pessoa e afastando a possibilidade de psicotização do luto.

As pesquisas relatadas por Parkes (1998), realizadas na Inglaterra e nos Estados Unidos, revelam que as mulheres estão mais sujeitas a um maior sofrimento por luto do que os homens, as pessoas idosas mais do que as jovens, até porque, com o passar do tempo, acumulam-se as perdas durante a vida, o que torna os mais idosos mais sensíveis a elas. Por outro lado, a morte repentina ou violenta causa maiores danos nos enlutados do que as mortes que resultam de doenças prolongadas em que a expectativa da morte do parente faz com que os demais se preparem para ela, no que foi chamado de "luto antecipatório". A morte de filhos, especialmente os de tenra idade, causa maior pesar do que a morte de pessoas idosas, mesmo que sejam os pais. Os suicídios tendem a causar grande sofrimento, especialmente provocado por forte sentimento de culpa dos parentes que tendem a julgar que poderiam ter feito algo que evitasse esse desfecho. O sofrimento do luto depende também do perfil psicológico do enlutado – desde pequenas as crianças revelam uma tendência a suportarem melhor ou pior os afastamentos dos pais ou cuidadores. Essas crianças serão os adultos que demonstram menor resistência à separação por morte das pessoas próximas.

Outro fator que influi na manifestação do sofrimento por luto é a cultura do enlutado – existem sociedades que tornam seus membros mais contidos diante da dor psicológica, enquanto outras manifestam externa e publicamente seu pesar. Em uma mesma sociedade, entretanto, existem diferenças familiares – famílias mais contidas e outras mais extrovertidas. Tudo isso afeta o sofrimento dos enlutados e a manifestação de sua dor. Devemos lembrar, entretanto, que reprimir a dor, ao contrário de diminuí-la pode torná-la crônica. Assim, é importante observar bem e profundamente as reações dos enlutados e complementar tais observações por uma investigação procedente de sua personalidade e de sua vida pregressa.

O luto provoca inicialmente duas situações penosas – a primeira, como já referimos, diz respeito às perdas que sobrevêm à morte do outro – quando se trata de cônjuges: muitas vezes, o viúvo ou viúva sofre perdas financeiras, muitos se vêm obrigados a mudar de casa, de bairro, de cidade, a se afastar de relações que eram proporcionadas pelo morto. Podem perder *status* social, deixar de frequentar amizades e lugares dos quais o casal fazia parte. Outra situação penosa é a solidão do enlutado – via de regra, ele é deixado sozinho, revelando que há um certo tabu social em relação à morte – os vivos tentando se afastar do vazio e do sentimento de perda, acabam por relegar viúvos e viúvas à solidão.

Entre os sintomas que os enlutados apresentam diante dessas dificuldades foram registrados: nervosismo, depressão, pânico, temores, insônia, tremores, perda de apetite ou ganho de peso, além de redução da capacidade de trabalho. Há uma série de outras perturbações físicas e emocionais como tonturas e desmaios, dificuldade de deglutição, palpitações e dores no peito. Embora muitos desses sintomas possam estar relacionados com doenças pré-existentes, sabe-se, por estatísticas, que o luto provoca uma piora nos estados físicos, fazendo o enlutado recorrer mais vezes aos médicos. Doenças mentais como a depressão e a ansiedade também são desencadeadas pelo luto. O estresse que sobrevêm à perda de uma pessoa próxima e amada coloca em cheque o sistema imunológico, sendo o luto uma porta de entrada para muitos outros males como comprovam as estatísticas hospitalares. Não podemos esquecer também que a perda de pessoas próximas e o trauma que ela representa pode acarretar a lembrança de outras situações semelhantes que se somam ao sofrimento recente.

Parkes (1998) afirma que o enlutado, mesmo que seja uma criança pequena que perdeu a mãe, tende a manifestar seu pesar através de expressões faciais e movimentos corporais que denunciam tristeza e desesperança. Quem lida com pessoas que passam por esse sofrimento deve estar atenta a esses indícios. O choro é uma das manifestações mais comuns, assim como a vontade de falar sobre o que foi perdido, embora tais reações estejam mais presentes nas pacientes mulheres do que nos homens. Outras características corporais, físicas e emocionais do enlutado são insônia, movimentação inquieta e aparentemente sem sentido, perda de interesse pela aparência, diminuição do apetite e do desejo sexual, desinteresse pelo trabalho e até pela família.

O alívio desse quadro bastante perturbador é conseguido pelos rituais de luto – as pesquisas mostram que os enlutados que são deixados sós apresentam distúrbios emocionais e físicos mais graves e mais resistentes. Os enlutados procuram também visitar os túmulos ou os locais onde costumavam estar com o parente morto, manter as rotinas e eleger objetos reverenciais – a cadeira em que a pessoa morta se sentava, objetos de estimação, fotografias e retratos e até hábitos, como o cachimbo ou o perfume que usavam. Em todo enlutado percebe-se uma necessidade grande de reconstruir a memória que se teme começar a falhar com o tempo. Assim, nota-se um desejo de falar com pessoas que conheceram o morto ou a morta, de saber detalhes, de olhar fotografias e de ir constituindo uma lembrança consistente de quem morreu. Esse trabalho é construtivo e criativo, embora muitas vezes envolva uma elaboração fantasiosa daquele que se foi. Se por um lado, esse recurso é uma defesa do enlutado contra a perda e a dor que acarreta, por outro, representa uma tentativa de reorganização psíquica, que Freud chamou de "trabalho de luto", capaz de preparar o paciente para a aceitação da perda. Assim, segundo Parkes (1998), essa reconstrução memorial do perdido é saudável se o enlutado não perder o princípio de realidade, isto é, de que a lembrança não poderá trazer de volta o que se foi. A função das lembranças seria de liberar a energia que ligam o paciente ao perdido, impedindo seu retorno à vida e à realidade, ou seja, favorecer a decatexia,[2] conforme ensina Freud. Parkes (1998, p. 99) afirma:

> Nesse período, há uma necessidade consciente de "pôr em ordem", que não se trata apenas de lembrar-se do fato traumático com perfeição, mas inclui a necessidade de "dar sentido" ao que aconteceu, explicar, classificar, comparar com outras situações,

2 Freud uso o termo "catexia" para designar a fixação libidinal da psique a uma representação mental de uma pessoa, coisa ou ideia. O luto envolve justamente a catexia do paciente em relação ao perdido. A decatexia é a liberação da libido dessa representação. A lembrança, assim como o ritual fúnebre, devem colaborar para esse fenômeno.

> que fazem com que se encaixe nas expectativas que a pessoa faz do mundo.

Como afirma o autor, apoiando-se em Freud, os sentimentos de luto são ambivalentes, como os demais sentimentos dos seres humanos. Por um lado, aquele que perdeu uma pessoa próxima por quem sentia grande afeto, tende a se sentir frágil e impotente, especialmente se o morto representava a garantia de sobrevivência financeira ou de posição social. A identificação com o falecido ou falecida é forte e os enlutados expressam a ideia de que se sentem partidos ou "pela metade", como dizem alguns. Outros referem-se à sensação de que o morto está dentro dele, incorporou-se a ele. Essa identificação faz parte do amor e de uma resistência a admitir a perda.

O enlutado ocupa-se também em pensar a morte e tudo que a antecedeu, o que desencadeia sentimentos ambíguos de culpa e de raiva – procura-se encontrar culpados pelo acontecido, falhas nos acontecimentos que resultaram na morte. Muitas vezes, em casos de doença mortal, culpam-se hospitais e médicos, procedimentos e ausência de cuidados. Podem sobrevir auto-recriminações e rancores e, muitas vezes, fortes sentimentos de culpa. Até o próprio morto é, muitas vezes, alvo da raiva e da culpa – os sobreviventes atribuem a ele falta de cuidado e não ter pensado no sofrimento que causariam pelo descuido que os levou à morte. É importante que nesse momento o enlutado possa vivenciar esses sentimentos ambíguos de raiva e culpa para encontrar registros anteriores agora emergentes.

Sintomas

Podemos então, como Parkes (1998), considerar que o luto é um problema existencial e psíquico que envolve muitas mudanças na vida do enlutado – mudanças de lugar, de moradia, de trabalho, de funções, de relações e de vida cotidiana. Portanto, o luto envolve mais do que a perda afetiva, inclui também mudanças de vida para as quais as pessoas podem não estar preparadas nem desejosas. Tais mudanças provocam uma série de sintomas diferentes que também foram observados por outra estudiosa, Neli Klix Freitas (2000), em seu estudo *Luto materno e psicoterapia breve*, em que publicou sua pesquisa de doutoramento realizada para a Pontifícia Universidade Católica de São Paulo.

Somatização – Além da ocorrência de distúrbios físicos ocasionados pelo estresse da perda e por uma costumeira ocorrência de baixa resistências físicas e imunológicas, detecta-se nas pessoas enlutadas a somatização de doenças. São constantes as queixar de dores generalizadas pelo corpo, enxaquecas, insônia, dificuldades digestivas e motoras. Diz Parkes (1998, p. 41):

> Acredito que podemos afirmar, com adequação, que muitos viúvos e viúvas buscam ajuda durante os meses após a morte do cônjuge e que os profissionais mais procurados por eles são da área médica e religiosa. Aceito a evidência de que o luto pode afetar a saúde física, mas parece-me que a maior parte das queixas que leva as pessoas aos médicos reflete ansiedade e tensão, mais do que doença orgânica. Nesses casos, o papel mais importante para o médico é o de reassegurar às pessoas que elas não estão doentes, em vez de rotulá-las como doentes.

Freitas (2000), cuja pesquisa se deu com mães enlutadas após a morte de um filho ou filha, por câncer ou outra doença súbita, também detectou a presença de somatizações. Entre os sintomas psicossomáticos a autora identificou, nas pacientes, queixas de dores de cabeça, dores no corpo e, especialmente, nas pernas, náuseas e vômitos. Sabe-se que os profissionais mais procurados pelas pessoas enlutadas são os médicos e os sacerdotes, o que atesta essa somatização. Não é raro também que a pessoa que perdeu um ente querido por uma doença, apresente os sintomas do falecido. Nesses casos, segundo Parkes (1998), está em jogo um outro sintoma da perda que é a identificação.

Roland Barthes, filósofo, sociólogo, crítico literário e professor francês, foi autor de diversos livros, entre os quais *Diário de luto*, escrito após a morte de sua mãe, em 1977, depois de viver ao seu lado por sessenta anos. Nessa obra, o autor diariamente expõe seu sofrimento registrado, inicialmente em 330 fichas, agora editadas e publicadas. Aquilo que estudamos nos livros científicos, podemos perceber nas confissões de Barthes sobre seus sentimentos de luto. Diz ele, no dia 21 de fevereiro de 1978, quatro meses após a morte da mãe, manifestando a somatização a que se referem os estudiosos: "Bronquite, primeira doença após a morte de *mam*. Hoje cedo, pensei constantemente em *mam*. Tristeza nauseante. Náusea do irremediável." (BARTHES, 2001, p. 94).

Identificação – Foi observado, pelos psiquiatras que trataram pessoas enlutadas, que uma das defesas que o ego desenvolve para diminuir a dor da perda, no caso de mortes de pessoas próximas, é a identificação. Há uma tendência, especialmente entre viúvos e viúvas, do cônjuge enlutado assumir as tarefas e atividades do que morreu. Homens passam a cuidar compulsivamente da casa após a morte da esposa e viúvas começam, por exemplo, a cuidar do jardim, tarefa antes exclusiva do falecido marido. Entrevistas realizadas com pessoas enlutadas revelam que elas se sentem bem em saber que essas atividades não serão deixadas de lado e que a rotina poderá ser mantida. Outros entrevistados revelam que passaram a observar comportamentos próprios que lembram a pessoa falecida. São filhas que apresentam semelhança em sua forma de ser com a mãe que faleceu, esposas que passam a se ocupar de hábitos do marido. Tais pessoas revelam que passam a sentir a presença do morto (ou morta) dentro delas.

Por um lado, se essa identificação alivia a dor da ausência da pessoa falecida, pode provocar uma resistência à mudança, a encarar o princípio de realidade, ou seja, de que a pessoa não existe mais. Trata-se, portanto, de um sintoma ambivalente. Parkes (1998) diz que sentir a presença do morto dentro de si pode auxiliar no processo de catexia – o desinvestimento da libido em um objeto externo ao ego que, no caso do luto, não existe mais. Mas, por outro lado, percebe nesse movimento uma resistência e um elemento capaz de prolongar o luto. Quem estiver tratando de um enlutado que apresente esse processo de identificação deve ficar atento aos efeitos saudáveis e patológicos que ela provoca.

De forma semelhante a esse sentimento de que o morto está dentro de si, alguns enlutados manifestam a impressão da presença próxima do falecido ou falecida. Entrevistados dizem sentir a presença do que se foi, senti-lo por perto. Uma recém-viúva atendida por Parkes (1998, p. 83) afirma a respeito do marido falecido: "Ele está comigo o tempo todo. Eu o ouço e o vejo, embora saiba que é só imaginação". Muitos chegam a procurar e a ver o parente morto na rua ou nos lugares onde costumava estar. E, apesar de terem consciência de que a impressão é alucinatória, experimenta sensação prazerosa com essas experiências. Para viverem esse contato de forma mais viva, muitos enlutados procuram centros espíritas em que médiuns dizem incorporar espíritos e receber mensagens destes aos vivos. A tendência é de que, nos processos de luto comuns, com o tempo, essas sensações diminuam e desapareçam, ocorrendo o que Freud chamou de reparação afetiva – quando o enlutado pode orientar a libido desinvestida do objeto perdido para novos objetos, sejam eles pessoas, relações, ocupações, trabalho.

Isolamento e solidão

Barthes (2001, p. 120) escreveu, em 10 de maio de 1978, mais de seis meses após a morte da mãe:

> A solidão na qual me deixa a morte de *mam* me deixa sozinho em domínios nos quais ela não tomava parte: os de meu trabalho. Não posso ler ataques (feridas) relativos a esses domínios sem me sentir lamentavelmente mais só, mais abandonado do que antes: desmoronamento do Recurso, mesmo que quando ele existia, eu não recorresse diretamente a ele.

Esse sentimento de isolamento e solidão é queixa comum entre os enlutados. Existe por parte dos que cercam aqueles que perderam um ente amado uma certa sensação de repulsa pela morte e pela dor que ela provoca. Por outro lado, é comum que a morte envolva transformações na vida, no grupo familiar e no ambiente em que o morto vivia. Depois de uma morte, especialmente quando é do chefe da família, o grupo perde poder aquisitivo e, muitas vezes, precisa mudar de residência, desfazem-se relações de amizade e vizinhança, perdendo-se referências. Todas essas transformações acarretam um sentimento de isolamento e abandono. Freitas (2000) afirma que a morte acarreta luto quando afeta os vínculos das pessoas.

Parkes (1998) destaca que, em uma pesquisa de cinco anos, com quinhentos e três viúvos e viúvas ingleses, foi possível perceber que os que eram cercados por amigos e parentes tiveram um processo mais suportável e saudável de luto. Sofreram mais e por mais tempo aqueles que não tinham para quem telefonar, não possuíam netos ou os viam pouco, ou aqueles que não tinham irmãos. Em razão disso, muitos serviços sociais e igrejas organizam círculos de pessoas enlutadas para que essas possam falar de sua perda e de seus sentimentos, além de se sentirem acompanhadas e poderem trocar experiências comuns.

Freitas (2000) também acentua o luto como um processo social. Diz ela que a ausência de apoio social ao enlutado pode levar a reações patológicas e a um prolongamento das fases de luto, dificultando a reparação. Muitas famílias tendem a negar o luto e a silenciar a morte, o que é prejudicial a todos. Essas reações são especialmente encontradas em casos de suicídio.

Ambivalência e culpa

Já falamos em outra parte deste livro que os sentimentos que unem uma pessoa a outra são repletos de ambiguidades, estando as relações mais próximas repletas, simultaneamente, de amor e ódio, de carinho e raiva. É comum que a morte de alguém próximo leve o enlutado a sofrer por se sentir culpado em relação aos momentos de agressão, aos desejos de separação e até mesmo aos de morte do outro que sobrevêm às fases de conflito. Mães enlutadas, especialmente as que perderam filhos em acidentes tendem a desenvolver forte sentimento de culpa e a expressa-los dizendo que sentem que, de alguma forma, não foram suficientemente cuidados ou precavidas.

Freitas (2000) também considera a ambivalência e a culpa sentimentos importantes do sofrimento enlutado. Ela afirma ser comum um sentimento de triunfo em relação a quem morreu, o qual, por sua vez, enche o sobrevivente de culpa. A raiva em relação a quem morreu o transforma em um perseguidor. Para explicar essa ambivalência característica do luto, Freitas (2000) retoma a teoria de Melanie Klein a respeito da posição depressiva da criança quando, superando a posição esquizo-paranoide, começa a se identificar com o outro e busca preservá-lo. Nessa fase, a criança teme perder o outro, especialmente a mãe ou quem cuida dela. A ambivalência da criança se manifesta, por um lado, pela identificação e desejo de preservar o objeto amado e, por outro, pelo remorso e ansiedade que demonstra ao reconhecer a agressividade que sente junto com o amor. Temendo poder destruir o objeto amado, a criança o interioriza.

Pessoas enlutadas tendem a se culpar pela morte do outro, ou pela separação do outro (nos casos em que não houve morte), e culpam-se por isso com severas recriminações e autocondenações. Muitas vezes, também, acusam o outro pela sua morte ou pela separação, o que lhes provoca intenso sentimento de raiva ao qual sobrevêm mais culpa. Diz Freitas (2000, p. 36):

> A desorganização e depressão que acompanham o luto, ainda que penosas, não deixam de ter como função uma proposta adaptativa. Efetivamente, enquanto não se desfazem os padrões de interação que já não são possíveis, não se pode construir novos padrões organizados, dirigidos para novas interações. A pessoa mentalmente sadia pode tolerar certa depressão e desorganização, diante da morte de uma pessoa querida. E, em curto espaço de tempo pode emergir com uma conduta, com pensamentos e sentimentos que se organizam para novas interações.

Por essa razão, Freitas (2000) afirma que o luto é, ao mesmo tempo, um processo de abandono e aprendizado, em que certos esquemas de vida, interação e reação psíquica são abandonados e outros adquiridos. Trata-se de um processo, por si só, ambivalente, cuja reparação psíquica se dará pela transformação.

Depressão, melancolia e impulsos suicidas

A perda de um objeto amado, com o qual a pessoa se identifica, provoca tristeza e dor e, pelo menos por algum tempo, sintomas de depressão como isolamento e falta de interesse pelas outras pessoas e pelas atividades que antes a interessavam. Nos casos de luto patológico, a depressão se alonga podendo fazer surgir outras patologias e chegando a exigir internação hospitalar. Nesses casos, Parkes (1998) considera que se trata de Perturbação (ou Transtorno) de Estresse Pós-Traumático – TEPT. Trata-se de uma patologia que ocorre principalmente quando envolve acidentes graves e violentos e mesmo situações de guerra que gera pânico. Parkes (1998) relata o caso de um paciente que, tendo perdido a família em um naufrágio, inicialmente, mostrou-se sob controle por um bom tempo, mas, depois, começou a se mostrar tenso, trêmulo, pouco suportando ruídos, especialmente os de água. Quando ocorreu uma tempestade com raios e trovões o estresse chegou ao auge e ele foi acometido de um surto.

O antropólogo inglês Geoffrey Gorer, que estudou o uso de técnicas psicanalíticas em suas pesquisas, investigou oitenta pessoas que haviam estado recentemente em luto pela morte de uma pessoa próxima, chegando à conclusão de que 11% delas ainda estavam gravemente deprimidas um ano após o falecimento.

Freitas (2000, p. 41) afirma que um dos componentes mais comuns do luto patológico é a culpa persecutória que decorre da ambivalência dos sentimentos do enlutado: "A culpa persecutória diante do objeto e diante do ego detonará certamente o luto patológico. Este resulta em quadros melancólicos e outras manifestações psicóticas". A autora afirma também que o narcisismo é outro fator desencadeante do luto patológico quando o ego do enlutado está inteiramente identificado com a pessoa morta com uma consequente tendência a negar a perda. Estudando mães que haviam perdido seus filhos recentemente, ela percebeu nelas a tendência ao considerar que havia algo delas no filho (ou filha) que morreu junto com ele.

Barthes (2001, p. 175) explica: "Luto. Quando morre o ser amado, fase aguda de narcisismo, saímos da doença, da servidão. Depois, pouco a pouco, a liberdade começa a pesar, a desolação se instala, o narcisismo abre espaço para um egoísmo triste, uma ausência de generosidade".

O ponto mais agudo desse luto é quando sobrevém impulsos suicidas e autodestrutivos. Barthes (2001, p. 127), ainda em sua obra sobre o luto por sua mãe diz, sete meses após o falecimento dela: "A verdade do luto é muito simples: agora que mam. está morta, sou empurrado para a morte (dela nada me separa, a não ser o tempo)". Quase um mês depois, ele reafirma: "Em mim, lutam a morte e a vida (descontinuidade e como que ambiguidade de luto (quem vencerá?) – mas, por enquanto, uma vida boba (pequenas ocupações, pequenos interesses, pequenos encontros)" (BARTHES, 2001, p. 127).

Os autores estudados são unânimes, portanto, em dizer que o luto patológico exige tratamento psicanalítico e acompanhamento psiquiátrico.

3. RELIGIÃO E FILOSOFIA ABORDAM A MORTE E O LUTO

Após uma reconstrução histórica, ainda que breve, sobre a morte no Ocidente, podemos concluir que o luto é efetivamente um sentimento próprio da sociedade contemporânea, uma sociedade laica, individualista, urbana e cientificista que valoriza a vida e a alegria de viver como um de seus mais importantes valores. No ritmo agitado da vida urbana e da produção tecnológica e industrial, a morte, enquanto uma interrupção da vida, da produção, do tempo e da história, ficou relegada a um espaço diminuto e íntimo. Aquele que perdeu um ente querido e próximo não encontra mais nos rituais fúnebres um apoio emocional, um espaço de lembrança e de homenagem, um grupo com quem dividir a dor, as incertezas, as transformações. Depois da pesquisa bibliográfica sobre trabalhos psicológicos e psicanalíticos que abordam a difícil e universal experiência do luto, vamos adentrar o campo das religiões.

Encontramos na sociedade contemporânea diversas crenças e instituições de apoio que, embora sem a força hegemônica das religiões do passado, auxiliam os enlutados a passar pelo trauma do luto. Procuramos investigar que tipo de auxílio cada uma dessas instâncias da sociedade oferece e analisar, a partir dessas informações, como a psicanálise pode contribuir de forma ímpar de modo a tornar superável a dor da perda humana.

Neste capítulo, vamos abordar a contribuição de algumas doutrinas religiosas e de assistência moral e psicológica aos enlutados, através de uma compilação de entrevistas feitas com seus representantes. Os nomes estarão assinalados apenas pelas iniciais para garantir liberdade e anonimato aos entrevistados. Foram conversas realizadas presencialmente, em 2019, por cerca de uma hora cada uma, gravadas, transcritas e aqui sintetizadas. A ordem em que as religiões aparecem no texto obedece a sequência de realização das entrevistas. Vamos ver o que disseram esses especialistas.

Com relação às entrevistas, partiu-se do roteiro geral que foi sendo adaptado a cada entrevistado, à medida que as respostas foram sendo dadas, encaminhando o tema para diferentes perspectivas. A sequência em que serão apresentadas neste capítulo obedece à ordem em que as entrevistas foram feitas.

Kardecismo

É uma doutrina religiosa criada pelo pedagogo francês Hippolyte Léon Denizard Rivail, sob pseudônimo de Allan Kardec, que buscou explicações para fenômenos mediúnicos ou de incorporação, ou seja, quando fenômenos parecem desfiar as explicações físicas e naturais. Por acreditar que tais fenômenos de incorporação são manifestações de espíritos desencarnados, conforme explicado na obra *Livro dos Espíritos*, publicada em 1857, a religião também ficou conhecida por Espiritismo. Seus adeptos o consideram como pertencendo a uma doutrina científico-filosófico-religiosa voltada para o aperfeiçoamento humano. No Brasil, o kardecismo tem o maior número de adeptos do mundo. De um modo geral, estes acreditam em um Deus criador do universo, na imortalidade do espírito, na reencarnação, no livre-arbítrio e na lei do carma, ou seja, a lei da causa e do efeito que explica os sofrimentos e injustiças como consequência de erros cometidos em outras vidas.

A pessoa entrevistada para esta pesquisa foi VMG, que é professora e médium na Federação Espírita do Brasil. A entrevistada explicou que, para os espíritas, a morte não existe, ela é apenas uma mudança de estado, uma passagem para outras dimensões da vida, não havendo ruptura em relação à individualidade da pessoa. A vida espiritual comporta diferentes dimensões e os espíritos podem penetrar em uma ou outra dimensão, dependendo de seu grau de evolução espiritual. Espíritos mais elevados (mais desenvolvidos e desapegados da matéria) podem estar em camadas mais etéreas, os menos evoluídos permanecem em níveis mais densos. O espírito dos vivos ou reencarnados podem também penetrar nessas outras dimensões, por exemplo, durante o sono. Algumas mentes conseguem alçar voo e penetrar nas camadas mais etéreas do universo.

A morte, portanto, é vista como uma continuidade, ela não interrompe a vida cujo objetivo maior é a evolução. Por vezes, aquele que perdeu seu corpo físico, ou desencarnou, como se diz, nem percebe que está em outro plano da existência. Sem o corpo físico, o indivíduo utiliza o espírito ou o perispírito que é "*como se fosse um HD, onde você tem gravadas todas as suas experiências, e também estão gravadas todas as suas aquisições*".[3] À medida que se evolui, esse perispírito leva o indivíduo para planos superiores.

Quando uma pessoa perde um ente querido, ela precisa ser consolada e para isso os espíritas oferecem seus conhecimentos – o enlutado é informado que o ente que morreu apenas partiu do mundo dos vivos, mas não se desligou de

3 As reproduções literais de trechos das entrevistas serão apresentadas neste livro em itálico e entre aspas.

ninguém e estará sempre em sintonia com os entes queridos por meio da intuição e do pensamento destes. É importante que ele saiba que, muito provavelmente, no futuro, voltarão a se encontrar em outros planos da existência.

No kardecismo, aconselha-se a pessoa que perdeu um ente querido a não lamentar a morte e a falta que sente dela pois isso pode sensibilizar o espírito desencarnado que desejará ajudar o sofredor sem nada poder fazer naquele momento. Essa situação pode levar o espírito desencarnado ao sofrimento e à depressão, pois esses sentimentos existem nos dois panos da vida – no físico e no espiritual.

O kardecismo não tem nenhuma cerimônia para a morte como não tem também para o nascimento. É preciso crer na vida eterna que é plena de passagens. Os vivos devem compreender que não perderam os entes que já se foram. Existem orações para os que querem lembrar e se comunicar com seus mortos, mas o importante é a pessoa falar a partir de seu íntimo, seja com espíritos desencarnados, seja com Deus. As orações, conforme VMG, "*procuram dizer exatamente, assim, pedindo a Deus por exemplo, por esse espírito que desencarnou que seja amparado, que ele esteja disposto a receber ajuda. Pede-se muitas vezes aos espíritos que estão, de algum momento, convivendo com esse espírito que foi embora, que o amparem. Coisas assim no sentido de ajuda, pra que esse ser siga o seu caminho*".

A relação entre vivos e desencarnados pode existir, desde que eles tenham o mesmo tipo de evolução. Eles podem estar juntos em ações que beneficiem a humanidade. Os espíritos mais evoluídos estão sempre desejando ajudar os que necessitam e sua ajuda pode vir, por exemplo, sob a forma de uma intuição. Você pode ter uma grande ideia e pensar que a iniciativa foi sua, mas, na verdade, veio de um espírito que o ajuda, inspirando-o. Os espíritos evoluídos que podem ajudar os vivos são correspondentes ao que chamam, na Igreja

Católica, de santos, embora no kardecismo não existam santos, seres divinos com missão sagrada.

Mas, da mesma forma que os espíritos podem fazer o bem, podem também fazer o mal. Uma vez desencarnados, eles podem querer se vingar de alguém. Todas as ações, entretanto, se dão por meio do pensamento – muitas depressões e doenças mentais são plantadas nos indivíduos por outros seres já desencarnados.

É importante saber que o mundo dos espíritos é hierarquizado. Há espíritos mais evoluídos, mais leves e que tem acesso a dimensões mais etéreas. Há espíritos menos evoluídos que ficam em camadas mais densas. Alguns desses espíritos têm a função de ajudar os desencarnados. Os suicidas precisam de tratamento especial porque eles alteraram o seu destino e devem ser responsabilizados por isso. Também o aborto tem que ser visto de forma especial porque se a grávida faz aborto por vontade própria, sabendo que está grávida, é uma espécie de homicídio. Em relação ao suicídio, ao aborto e à eutanásia, a questão é a mesma – tudo que for feito é de responsabilidade do espírito que fez e as consequências serão de acordo com o que se praticou.

Não há nenhuma obrigação dos vivos para com os mortos nem destes para com os vivos. "*Tudo o que se faz é resultado das nossas vontades, das nossas intenções... Assim, obrigação de rezar, de ir* [a algum lugar]*, não existe...*", diz VMG. *O que existe muitas vezes é que a gente se lembra deles em preces, a gente se lembra deles em vida, mas isso não é obrigação, isso muitas vezes é prazer. Então não tem, por exemplo, missa pelos mortos, não tem uma cerimônia pelos mortos... Mas a gente faz o que a gente chama de vibrações, que são pequenos pensamentos assim, com intenções fixas, por todos aqueles que desencarnaram em um determinado dia, ou desencarnaram no planeta hoje, porque a gente sabe que esse é um momento difícil... Então que eles sejam amparados nesse processo*".

A relação dos espíritos desencarnados com os vivos se dá, principalmente, pela incorporação em cerimônias fechadas com os médiuns. "*Então em alguns casos sim, há comunicação, mas isso não é aberto, isso é normalmente feito muitas vezes para ajudar pessoas que estão com problemas sérios de saúde, às vezes problemas sérios mentais, às vezes até pra pedir orientação do plano espiritual*".

Catolicismo

A Igreja Católica Apostólica Romana é uma religião surgida no Império Romano, há mais ou menos 2.000 anos, fundada por um judeu que recebeu o nome de Jesus Cristo. Ao contrário das demais religiões orientais que sempre estiveram restritas a uma região ou a uma etnia, o Cristianismo tornou-se a primeira religião universal do mundo. A palavra católica, proveniente do idioma grego significa "universal". De início foi considerada uma seita herética e foi perseguida, tendo Jesus sido condenado e executado pelos romanos. Mais tarde, entretanto, o Catolicismo foi aceito como religião de todo o Império, estabelecendo sua sede em Roma, desde então até os dias de hoje. Tornou-se também a religião oficial das monarquias ibéricas, alcançando as colônias portuguesas e espanholas, entre elas, o Brasil, onde foi sempre a crença mais difundida. Possui princípios como a existência de um Deus único, criador de tudo que existe, da alma imortal de cada ser humano, do nascimento de cada ser humano com o pecado original, que é perdoado por Deus por meio do batismo. Possui sacramentos e prega Jesus, filho de Deus, como sendo o Messias que morreu na cruz para salvar a humanidade. O Catolicismo conservou parte da herança judaica de suas origens, como o Antigo Testamento e os Dez Mandamentos transmitidos ao povo judeu por Moisés, que ainda representa um código de conduta e valores válidos para os cristãos. Para falar sobre as cerimônias do luto da Igreja Católica, entrevistei Frei FF, da Ordem dos Carmelitas Descalços, que presta serviços na Igreja de Santa Terezinha, em São Paulo.

Segundo o entrevistado, de acordo com a religião católica, a morte não é um acontecimento ruim, é a passagem para uma vida de plenitude, o que permite que o cristão tenha uma visão positiva e otimista da morte e da experiência que o aguarda quando morrer. Para nós, diz ele, "*a morte é o momento de passagem para uma realidade eterna e mais perfeita*". Com ela, deixa-se o corpo físico e sobrevive a verdadeira pessoa, a personalidade e a essência. O católico acredita na Ressurreição com um corpo que a doutrina chama de "corpo glorioso", para os justos viverem uma vida de recompensas pelos seus acertos. A vida após a morte, entretanto, depende do que se fez em vida. Existe o Céu, ou Paraíso, para os justos, e o Inferno e o Purgatório para os que morrem com pecados, dos quais não se arrependeram – estes são estados onde se dá a purificação das almas. Escolher Deus e estar com Ele é algo que se opta durante a vida, o que faz da vida um dom maravilhoso. O Inferno é a ausência de Deus. Até o último instante de vida é possível escolher Deus e merecer o Paraíso, a vida gloriosa com o Pai Criador. O Purgatório é um estado intermediário em que a alma de uma pessoa se purifica de ações e sentimentos não muito justos ou desejáveis, através de uma experiência de aperfeiçoamento.

A comunicação entre os vivos e os mortos se dá pela oração, especialmente a dos vivos que oram pelos mortos para que atinjam brevemente o Paraíso. Os mortos podem orar pelos vivos e ajudá-los, mas não podem orar por si mesmos, essa é uma possibilidade dos vivos. Segundo FF, existe uma conexão profunda entre vivos e mortos que se manifesta no amor que temos uns pelos outros e nas orações e missas de que participamos. Além da oração e da missa, a Igreja oferece a Unção dos Enfermos que substituiu a antiga Extrema Unção – é um sacramento com óleos, para a cura – mesmo que a pessoa venha a morrer, o sacramento vai curar suas feridas e dores da alma e deixá-la morrer em paz. A oração em conjunto também é muito reconfortante e faz todos, não só os parentes, pensarem nas suas próprias existências. Por isso a oração aos mortos traz conforto a todos que a fazem.

Além disso, nas cidades pequenas, ainda há a missa de corpo presente, que, nas grandes cidades, já desapareceu. Nas capitais o que se faz é a Missa de Sétimo e Trigésimo Dias, que podem ser programadas segundo as necessidades das famílias. Os costumes e os dogmas vão mudando com o tempo – antigamente, dizia-se que uma criança que morreu sem batismo não iria para o Céu. Isso está ultrapassado e o Papa Bento XVI,[4] líder máximo do Catolicismo, pôs fim a essa discussão.

Muitas pessoas enlutadas procuram a Igreja para desabafar seu sofrimento através da confissão e das orações. Há inclusive paróquias que mantêm grupos de oração para pessoas que perderam amigos e parentes queridos. Essas pessoas são ajudadas pelos sacerdotes. Há uma passagem na Bíblia que, segundo FF, diz o seguinte: "*'Oh, Morte onde está sua vitória?' Porque a morte foi vencida pela ressurreição de Jesus, no pensamento cristão é isso... Jesus ao morrer, na verdade ele 'matou' a morte. Ao se deixar tocar por Jesus, na verdade foi a morte que morreu. E Jesus, quando ressuscita, faz com que todos nós ressuscitemos com ele*". A ideia da Ressurreição é muito importante na Igreja Católica,

4 Bento XVI exerceu o papado entre 2005 e 2013, quando abdicou, tendo se tornado Papa Emérito e Romano Pontífice Emérito da Igreja Católica. Sucedeu-o o Papa Francisco, atual Chefe de estado da Cidade Estado do Vaticano, desde 2013.

e, por isso, comemora-se o dia dedicado a cada santo no dia de sua morte, e não do seu nascimento.

Perguntado sobre os espíritos maus que habitam o reino dos vivos e dos mortos, FF falou de Satanás, um espírito que, segundo a Bíblia Hebraica, era um espírito de luz (daí a palavra Lúcifer) que, envaidecido de seu poder, foi expulso pelo Arcanjo Miguel que o condenou aos abismos (Inferno). Com ele, foi expulso um terço dos espíritos que habitavam o céu. Eles constituem os demônios que tentam as almas para que elas caiam em pecado.

Existem seres que são possuídos por espíritos já desencarnados, mas a Igreja condena esses atos – a comunicação com os mortos deve se restringir a orações e sacramentos mediados pelos sacerdotes. Quando uma pessoa incorpora um espírito maligno, a Igreja tem rituais específicos de exorcismo que são de uso muito restrito. Segundo FF, até mesmo a ciência é favorável a esses rituais que funcionam para libertar quem está sofrendo, sendo dever fazê-los.

Hoje, há uma procura muito menor pelos rituais fúnebres da Igreja Católica porque surgiram muitas outras religiões e porque muitas pessoas perderam sua fé e acreditam que tudo termina com a morte. Há menos medo do que pode lhes acontecer depois que a vida acaba. Mas, diz o entrevistado: "*Nós percebemos que a angústia continua a mesma, que as pessoas têm medo de morrer, têm medo de envelhecer, têm medo de ficar doentes e as pessoas têm medo, sim, mesmo não acreditando em nada, de fazer essa passagem. Porque é um momento de uma tremenda, infinita solidão, você morre sozinho, você pode estar cercado dos seus, mas você morre sozinho, o outro está lá, fica, mas você está morrendo*".

FF credita, por sua experiência, que a ajuda da fé e da Igreja sempre ajuda, seja qual for a fé, porque se torna possível enxergar alguma coisa além da morte.

Candomblé

O Candomblé é a religião de origem africana de maior disseminação no Brasil e no resto do mundo. Estima-se que haja mais de três milhões de adeptos no planeta. A palavra "candomblé" significa "dança", simplesmente, ou "dança com atabaques", daí haver rituais com música e coreografia nesta religião. De origem totêmica e familiar, cada nação africana tinha originalmente seu orixá, nome dado às divindades tribais. No Brasil, entretanto, a reunião dos negros africanos de diversas origens nas senzalas propiciou que esses deuses fossem reunidos em uma mesma religião. Cada orixá tem suas funções sociais e um domínio sobre a natureza, assim como um tipo de canto, de cores simbólicas e de vestes. O guardião do orixá é chamado babalorixá, se for homem, e ialorixá, se for mulher. Cada ser humano surge de uma energia cósmica vinculada a um orixá a quem estará unido por toda a vida.

É uma religião originalmente monoteísta, cujo Deus Supremo é chamado de Olodum, Mawu ou Nzambi, dependendo do idioma africano com o qual se fala. Ela prega a existência da ânima da natureza, daí ser considerada uma religião anímica. Os primeiros terreiros datam do século XVIII, no Brasil, e desde essa época os adeptos do Candomblé têm sido hostilizados pela sociedade – os rituais foram inicialmente proibidos e, hoje são ainda vistos com preconceito. Mas, apesar, disso a religião tem prosperado em número de adeptos e de terreiros – cada vez mais existem brancos não afrodescendentes que se convertem à religião.

A entrevista foi feita com um sacerdote de um terreiro de Candomblé na cidade de Campinas (SP), que adotou o nome religioso de Tata Nkisi Alassinanguê, ou Pai Alá. Segundo explicou, no Candomblé a morte é encarada como uma etapa intermediária da vida, sendo a passagem na Terra apenas uma fase necessária de aprendizado e crescimento. Quando ela termina, o espírito deixa esse invólucro material e volta à sua massa genitora e começa a ser preparado para reingressar na vida humana, o que seria uma espécie de reencarnação. Após a morte, o espírito é cuidado e zelado. No Candomblé, além do enterro e do velório, existem outros rituais destinados a ajudar esse espírito que deixa a vida humana – são sete, catorze e vinte e um dias de louvação. Todos os pertences do morto, incluindo os utensílios e vestes religiosas devem ter um destino que é orientado através do jogo de búzios e contas. As vestes são brancas, pois os adeptos da umbanda nascem de branco, vivem de branco e morrem de branco. Como a morte é apenas uma etapa da vida, há comida do santo nos rituais fúnebres. Nesse momento o morto adquire nova identidade, assim como adquirira uma identidade nova ao ingressar na fé.

No Candomblé, as pessoas têm duas famílias, uma biológica e outra cósmica (religiosa). Essas famílias, entretanto, não são completamente diferentes porque entre elas existe a ancestralidade – as danças rituais resgatam essa ancestralidade, por isso elas se fazem em um sentido anti-horário – a cada volta é um ano que retrocede. Essa dança é feita com gratidão e louvor aos antepassados. Os rituais fúnebres servem a ambas as famílias, mas de maneira diferente. Quando morre um filho de santo, cuida-se do espírito do morto e não da família (biológica). Quando esta procura o terreiro, aí sim, dá-se apoio.

Diz o entrevistado: *O nosso papel é exatamente explicar essa visão africana que nós temos do luto, do viver o luto. Há necessidade de chorar o luto? Chora-se, pelo lado humano, pela saudade, mas você não pode ficar o resto da sua vida lamentando, invocando, atraindo uma energia que não pertence mais a esse mundo. Isso não faz bem para a pessoa, para o enlutado e isso não faz bem para aquela energia que tem que se desprender para poder dar sequência àquilo que está reservado para ela*". Mas, em compensação, há todo um preparo para cuidar dos filhos de santo daquele que morreu: "*Toda pessoa que é iniciada no Candomblé, teve uma mão que raspou o cabelo dela, teve uma mão que fez aquela incisão, e essa mão é do pai ou da mãe de santo. Se esse pai ou mãe de santo morre, há uma necessidade de que desvincule a cabeça daqueles filhos daquela energia daquele pai de santo. Então, além dos procedimentos que se faz com o morto, tem que se fazer os procedimentos nos enlutados que tem um vínculo energético com aquele morto*".

No Candomblé, honra-se sempre a vida, por isso só se admite o aborto quando é uma gravidez vinda de um estupro. Também o suicida é tratado de forma diferente porque ele recebeu uma energia divina e não cumpriu com sua missão, ou "cargo". De qualquer maneira, no Candomblé há o mundo material e o cósmico. Quando um ser humano morre, passa por "portais" até atingir a fonte da energia que lhe deu a vida. Acredita-se também que certos espíritos podem se incorporar em um médium, uma pessoa sensitiva que é capaz de receber uma energia ou uma identidade além da sua. No culto à ancestralidade é possível que se encontre um parente que tenha permissão para se incorporar.

O culto aos mortos e aos ancestrais não é doméstico. O enlutado deve ir a um templo, ao cemitério ou a um cruzeiro para fazer oferendas, chorar e lamentar a não-presença física daquela energia. Domesticamente, apenas se chora naquele tempo curtíssimo – dois ou três dias – do falecimento. "*A partir dali você vai chorar esse morto não com lágrimas de tristeza, mas com lágrimas de entendimento de que você precisa continuar sua vida e essa energia precisa continuar a dela e aí você começa a cultuar ou a louvar ou a tratar, mas num espaço onde ela não tenha mais esse vínculo, esse elo*", explicou o entrevistado. "*Porque se você acende uma vela, aqui dentro da sua casa ou pega um álbum de fotografias e fica e fica... você vai só alimentando aquela dor aquela saudade, aquela tristeza e não se liberta para sua vida ter uma continuidade. E cada vez que a gente pensa muito com tristeza, essa energia (da pessoa morta) tenta vir até aqui e, então, ela não deslancha, ela não progride*".

No Candomblé, a vida é vista como energia. O choro de uma pessoa, as lembranças e o apego são atitudes ruins que impedem o pleno desenvolvimento dessa energia, sua expansão, seu progresso, seu retorno para a matriz original. Por isso, tudo que pertence ao morto deve ter um destino, orientado pelos orixás através dos búzios. Há uma limpeza. Os enlutados (biológicos) participam dos rituais, mas sequer podem comer a comida que é servida – os familiares não colocam a mão no morto, não acendem uma vela ou um fósforo. A tristeza que o enlutado sente atrapalha os rituais fúnebres que são de expansão da energia da vida.

O entrevistado explica que também na morte de um babalorixá há extenso ritual e preparação: "*Numa casa de Candomblé, quando o líder morre, ela fica em luto, no sentido de não ter atividade, não ter festividade, durante um ano. Depois, fazem-se todos esses procedimentos de libertação das coisas do santo morto... tudo isso pode ser feito na roça por uma outra pessoa, pai de santo ou irmão de santo, alguém que seja habilitado, íntegro, porque, a pessoa vai transferir um compromisso que ele tem com o santo para uma outra pessoa. Então essa escolha tem que ser sábia, e por isso os filhos tem toda uma preparação desde antes de se iniciarem para nesse momento não se precipitarem*". Um novo líder – Pai de Santo – é escolhido e as funções no terreiro recomeçam.

Zen-budismo

O Budismo é uma religião nascida na Índia, por volta de VI a.C., fundada por um príncipe indiano de nome Sidarta Gautama que, abandonando a família, – pais, esposa e filho – propriedades e conforto, passou a peregrinar pela

Índia em busca de respostas para as grandes questões que causam sofrimento no mundo: a velhice, a doença, a pobreza e a morte. Depois de muitos anos de peregrinação e meditação alcançou a iluminação, ou seja, o fim dos sofrimentos e dúvidas, por meio de atitudes ascéticas. Passou a ser chamar "Buda", que significa o iluminado. Teve muitos seguidores que disseminaram sua doutrina, chamada "darma", a qual se espalhou pela China, misturando-se ao Taoísmo lá existente, e pelo Japão, tendo recebido influência do Confucionismo. É uma das religiões predominantes no Oriente, em países asiáticos, e chegou ao Brasil com os imigrantes japoneses, no início do século XX. Também se disseminou nos Estados Unidos, onde diversos templos foram erguidos. O Budismo é uma religião não teísta que admite que todo ser humano tem uma natureza búdica, que pode ser desenvolvida através da prática envolvendo a doutrina, a meditação (zen) e o pertencimento a uma comunidade budista que se chama "sanga". Há várias linhas diferentes de Budismo, uma delas é o Zen-budismo, que se desenvolveu no Japão e prega a prática da meditação sentada e do autoconhecimento, de uma vida em comunhão com todos os seres humanos e não-humanos e na crença de uma lei de causa e efeito e interdependência entre acontecimentos aparentemente isolados. O Budismo recusa o princípio de espírito ou alma e considera que o ser humano é uno e integrado.

Entrevistei a Monja DZS, da Comunidade Zen-Budista de tradição japonesa Soto Chu, no templo Zendo Brasil, fundado pela Monja Cohen Rôshi. Perguntei-lhe como o Bbudismo explica a morte. Ela respondeu que a morte é uma etapa da vida, nascemos, crescemos e morremos, iniciando-se outra etapa da qual, se já passamos por ela outras vezes, dela não nos lembramos. A ênfase do Zen-budismo, entretanto não está no que existe depois da morte, mas naquilo que existe na vida, no "aqui e agora". Em vez de se pensar em quanto viveremos ou quando morreremos, se somos ou não imortais, deve-se prestar atenção para não estar mortos em vida. Diz ela: "*Pior que morrer jovem é nunca ter estado vivo, nunca ter apreciado o presente da vida, esperando um futuro que não chega, o amanhã, a segunda-feira em que eu vou ser feliz, que eu vou me lembrar de mim. Isso é já estar semimorto, dormindo, é estar nessa vida e passar à morte sem ter realmente vivido. Então, o que tem depois da morte eu não sei...*".

"*Morte é morte, perda é perda, não há como evitar, é preciso enfrentar*". Ela explica que as pessoas partem e o que se diz nas cerimônias memoriais zen-budistas para a pessoa que morreu – "*Vá em paz, vá tranquilo, aqui tudo está tranquilo, você saldou todas suas dívidas de qualquer tipo*" – e em relação às pessoas que ficam [os enlutados] – "*Respeita-se a dor e se oferece consolo; esse luto, esse processo de se acostumar com a ausência, se (des)acostumar da presença de quem esteve ao nosso lado*".

DZS, entretanto, diz que nós passamos por diferentes mortes, não só a física. Perdemos empregos, também temos outros processos de luto – a vida que tínhamos desaparece. "*Precisamos enfrentar os lutos, temos que nos preparar para isso, a vida continua... uma pessoa morreu, aos que estão aqui a gente diz – a dor existe, não a negue, não se entupa de medicamentos – só se for para ter um enfarto – mas a dor tem que ser sentida, [a] saudade faz bem, chorar faz bem e, como tudo, é transitório, passa. E a vida, forte, incessante, nos chama*". A entrevistada continua: "*A vida vai continuar nos chamando, mas o processo de luto, de perda, tem que existir. A gente diz: Esteja presente na dor e esteja presente neste processo de transformação que a vida chama de novo a gente, não fique num canto da tristeza, de que nunca mais vou sorrir, nunca mais vou tomar banho, nunca mais vou comer, nunca mais vou me apaixonar – o nunca mais não existe, estou com esta dor agora e o que fez sair desse processo, a gente aceita*".

Existem diferentes rituais fúnebres desde a visita do monge ao moribundo para prepará-lo para a morte, até as missas memoriais, como são chamadas as cerimônias que acontecem de sete em sete dias, desde a morte da pessoa até a 7ª semana, ou seja, a cerimônia de 49° dia. O Budismo não acredita no espírito, mas aceita que os mortos sobrevivem na memória dos vivos. "*Os mortos*", disse a entrevistada, "*estão vivos enquanto tiver um cérebro que lembre deles e um coração* [sentindo por neles] *(...) estamos ao lado de um corpo sofrendo, pedindo ajuda, pedindo amorosidade, pedindo cuidado e não vemos, mas estamos muito preocupados com o que os mortos vão me dizer, e os vivos? Cuidemos dos vivos*".

ZDS disse que o enlutado não deve negar a morte nem a dor que ela provoca, não se deve fazer de forte – "*(...) aí que todo mundo diz* [para o enlutado] *que é preciso ir para a praia, esquecer... – que é isso? Quando se perde um ser amado, não se deve morrer com o ser amado, mas uma parte de nós morre*". Ela completa: "*Dói? Sim. Muito? Sim. E a gente se revolta? Claro! Mas há uma coisa maravilhosa e nós somos a manifestação disso, a vida. Assim como a gente tem essa dor, tem que escutar também que a vida, que tem dor, tem sofrimento, tem morte, tem tudo isso junto, nos chama*". As manifestações exageradas de dor, têm, segundo a Monja, um caráter egoísta: "*Tudo passa, o resto é ego que eu tenho que demonstrar para o mundo o quanto eu sofro. Não, todo mundo sofre, você não tem que demonstrar nada. Perder um ser amado é terrível, sofrimento não tem que ser prolongado, ele existe e, como tudo na vida, tem começo, meio e fim. O resto é vaidade*".

Ao final da entrevista, a entrevistada afirma: "*Uma coisa que eu quero esclarecer,* [é] *que as pessoas ficam desapontadas quando a gente não fala em reencarnação, não fala em alma, que vai viver num futuro. Eu acho que é muito importante, mais que pensar sobre o que vai acontecer após a morte, é a gente parar de verdade e refletir sobre a vida, pois não se sabe ao certo. Ninguém voltou para contar isso... E aqui?*

Eu posso fazer da minha vida um paraíso ou um inferno, dependendo da vida que eu levar, minha morte vai ser, como diz nossa mestra [Monja Cohen]*: tenha uma boa vida, para ter uma boa morte*".

Judaísmo

O Judaísmo é uma das religiões mais antigas da humanidade e uma das primeiras a adotarem o monoteísmo. Teve sua origem na formação do povo hebreu e do Reino de Judá, na Palestina, para onde os judeus foram conduzidos depois de um período de escravidão no Egito, de onde foram libertados por Moisés. Vagaram pelo deserto, período em que Moisés teria recebido de Deus os 10 Mandamentos e as bases orais e escritas do Judaísmo, que tem na Torá seu livro mais importante, obra mestra dessa religião revelada. O Judaísmo influenciou outras religiões monoteístas como o Cristianismo e o Islamismo. O povo judeu é, assim, o resultado da união das tribos hebreias em torno de um Deus único e de uma nação onde se reúnem os descendentes e alguns convertidos, o que faz do Judaísmo uma prática étnico-religiosa. A endogenia típica do Judaísmo, resultante de grandes invasões e ataques sofridos desde sua origem, fez com que fosse objeto de perseguições históricas, sendo uma das mais recentes a empreendida no século XX pelos governos nazifascistas, especialmente a Alemanha, o que resultou no Holocausto, o assassinato de 6 milhões de judeus durante a Segunda Guerra Mundial (1939-1945). Como reação a essa perseguição surgiu o sionismo, movimento que pregou a volta dos judeus, espalhados em todo o mundo, para a Palestina, onde fundaram o Estado de Israel. Mesmo contando hoje com um território, onde o Judaísmo é a religião oficial, a vida e sobrevivência dos judeus é ainda ameaçada por guerras e invasões, além de atentados que ocorrem em muitos outros países.

O Rabino CG explicou que os judeus acreditam que a alma de uma pessoa passa por diferentes ciclos de vida – cada um tem sua missão e retornará à vida humana quantas vezes forem necessárias até cumprir essa missão. Portanto, o Judaísmo crê na reencarnação, assim como na Ressurreição, ou seja, no Juízo Final. A morte representa um capítulo dessa grande novela que é a vida dessa alma – há sempre uma razão para a morte de uma pessoa como, por exemplo, ela ter terminado sua missão. O Judaísmo crê na alma e esta é imortal, não é apenas um espírito, mas toda a história e personalidade da pessoa, o lugar onde tudo isso está registrado. Depois da morte, a alma passará por ciclos diferentes e convém que os parentes e amigos deixem que ela se vá cumprindo seu ciclo de evolução. Portanto, a morte é apenas uma mudança de estado.

"*Existem vários níveis da alma; de acordo com a Cabala são 5 níveis da alma, por exemplo, e essa alma parte desse mundo em estágios, ela não parte de forma brusca*". Para cada estágio há um diferente ritual de passagem: "*As fases de luto são diferentes níveis de almas que vão partindo desse mundo*", explica o Rabino Chaim.

Logo que morre, o corpo deve ser enterrado – enquanto não o for, a alma fica presa ao corpo, por isso busca-se fazer o enterro o mais rápido possível, se puder, no mesmo dia. A visão do defunto é proibida – assim que uma pessoa morre, profissionais especializados cuidam do corpo. O cadáver é banhado em água pura (de chuva ou de um rio) e recebe uma veste branca. Ninguém mais olha o morto que, em Israel, é enterrado, como nos rituais antigos, diretamente na terra. O enterro deve permitir o contato com a terra para onde voltará o corpo em decomposição. No enterro há a primeira cerimônia fúnebre, quando "*(...) o primeiro nível da alma parte*".

"*Depois do enterro segue-se o que se chamam de 'sete dias', nomeados em hebraico de Shiv'ah, sete dias de luto (...). Os familiares próximos, esposa, pai e mãe, filhos especialmente, têm por obrigação, por sete dias, parar tudo, e quando digo 'parar tudo' é parar tudo mesmo, eles têm que ficar normalmente na casa da pessoa que foi embora, no lugar onde ela morou. Se isso não é possível, na casa de alguém onde todos estejam juntos, a família toda junta. Nessa casa eles vão por sete dias fazer o luto. O que significa 'luto'? Não poder ouvir música, não poder dançar, eles não podem sentar em cadeira alta, precisa ser em cadeira baixa que é símbolo de luto. Então normalmente se tiram as almofadas do sofá para se sentar em lugares baixos, se cobrem todos os espelhos da casa, porque não é momento de se olhar no espelho, se embelezar, é um momento de luto, momento de introspecção. Faz-se rezas na casa diariamente de manhã e de noite, há uma reza especial para a alma que se foi. É costume que as pessoas da comunidade vão visitar, primeiro pelas rezas e depois para conversar com essas pessoas durante esses sete dias... É um momento de muita união da família, momento de memória, rezar pela alma e também manter todas as leis e costumes de luto, isso é uma coisa extremamente importante*".

Os judeus ortodoxos, nesse período, não tomam banhos, não trocam de roupa, não fazem a barba e muitos não cozinham – os alimentos são levados pelos amigos e familiares. Segundo o rabino, depois desses sete dias, outro nível da alma de desprende e há mais vinte e três dias de luto mais brando, em que as tarefas cotidianas vão sendo retomadas, embora os sinais de luto sejam mantidos, como não usar maquiagem ou cortar cabelo. Após trinta dias, outro nível da alma se vai. A fase seguinte é de um ano e a família se mantém restrita, sem ir a festas ou realizar comemorações, com rezas diárias ao morto na sinagoga. Em qualquer dessas fases, entretanto, as cerimônias na sinagoga são mantidas, assim como o Sabah. Quando a família, por questões de trabalho, não pode cumprir esses rituais, devem contratar rezadores que acompanham as rezas na sinagoga e todas as obrigações fúnebres.

Os judeus acreditam que o contato dos vivos com a alma dos mortos é possível e há passagens bíblicas que mencionam isso, mas isso é proibido e só deve acontecer em ocasiões muito especiais, pois acredita-se que a alma deve estar livre para concluir sua missão. É muito comum os enlutados irem ao cemitério para conversar com a alma do morto, pedir suas bênçãos, mas isso não exige a intervenção de um médium. Da mesma forma, magias e superstições são proibidas. Para os judeus, o luto é muito importante, para estabelecer a memória, para se despedir e para deixar que as almas – dos vivos e mortos – sigam seu caminho. Diz o entrevistado: "*Por isso que é tão difícil pessoas que não sabem o que aconteceu com os entes queridos, perderam-se em guerras, coisas assim. O luto, ele é tão difícil, porque pelo Judaísmo, quando uma pessoa parte, Deus ajuda nesse processo de luto e de desprendimento. Mas, se a pessoa está viva, está desaparecida... fica uma coisa muito difícil para a alma que não pode responder a todo esse processo de luto*".

CG explica que há na Bíblia uma passagem narrando o sofrimento de um pai que não encontrou paz na vida para a dor da perda de um filho dado como morto. Todos os rituais foram realizados, mas o filho estava vivo. Sua dor não pode ser curada. O Judaísmo admite que haja espíritos maus e bons que querem ajudar ou prejudicar os vivos, mas a Cabala ensina que tudo é uma questão de energia – se uma pessoa tem energia boa e se aproxima de outros seres bons, estará protegida. Da mesma forma, pessoas ruins atraem energias ruins.

O Judaísmo respeita a natureza e a vida após a morte, procura deixar que a alma do morto siga seu caminho, reverenciando-o e rememorando-o, uma atitude extremamente importante para os descendentes e toda a comunidade. Respeita o corpo como parte da natureza, um presente de Deus para a vida na Terra. Por isso, considera pecado qualquer intervenção, seja uma cirurgia plástica (só aceita para evitar males maiores, como a depressão ou para reconstituir corpos com problemas físicos), o aborto ou o suicídio. Mas, apesar de condenar o suicídio, hoje os suicidas não são mais enterrados separadamente, pois se considera que a autodestruição decorre de uma doença mental. No que diz respeito ao aborto, apesar de sua condenação, o Judaísmo não considera que o bebê, até o momento do nascimento, tenha o *status* de ser vivo. Por isso, em certas situações de perigo para a mãe (perigo não só físico, mas emocional), o aborto é aceito. Da mesma forma que a alma do morto deixa seu corpo físico e a vida na Terra em ciclos, também a entrada da alma no corpo se dá por fases. Mesmo depois de nascer, a alma só é considerada formada nos meninos, aos doze anos, e nas meninas, aos treze.

Com relação à dor do enlutado, o Rabino oferece ajuda. Diz o entrevistado: "*O rabino é sempre uma figura muito importante dentro da comunidade judaica. O rabino precisa ser médico, psicólogo, juiz, terapeuta, tudo o que você pode imaginar ele acaba fazendo. Não porque ele esteja formado por isso, mas porque com a Torá, a religião muitas vezes ajuda essas pessoas... O rabino entende que muitas pessoas que não lidam com problemas e acabam 'hibernando' problemas que acabam vindo à tona durante a vida*".

Universidade da Paz - UNIPAZ

UNIPAZ é uma iniciativa do educador e psicólogo francês Pierre Weil que, desde a Segunda Guerra Mundial, quando, recusando-se a pegar em armas, serviu à Cruz Vermelha, projetou a criação de uma escola para a paz. Quarenta anos depois, quando morava no Brasil, criou no Distrito Federal (1988) a Fundação Cidade da Paz e a Universidade da Paz, cuja reitoria ocupou até 2009 quando veio a falecer. O atual reitor é Roberto Crema. Através de cursos, *workshops* e atendimento de terapia holística e transdisciplinar procuram criar núcleos de disseminação da paz. A UNIPAZ não é uma instituição religiosa, desenvolve o tratamento de distúrbios psicológicos e vivenciais na abordagem que denominam de "holística". Um de seus professores é TS, que oferece cursos de mitologia e filosofia em São Paulo, e que se considera um gnóstico neoplatônico, do ponto de vista filosófico e religioso. Como grande conhecedor das doutrinas e religiões antigas, eu o entrevistei para que falasse como ele e a instituição à qual pertence veem a morte e o luto.

TS diz que o apego à vida gera o medo da morte e este o estresse que mata. Estabelece-se, assim, um ciclo vicioso, como bem o demonstrou o Budismo – o sofrimento humano vem do apego à vida, aos hábitos, às coisas e às pessoas. Se você aceita a vida sem expectativas, você está livre do sofrimento. Mas isso é muito difícil porque vivemos numa "*(...) sociedade egocentrada, uma sociedade de posse, de consumo, de propriedade, de ter coisas, as coisas minhas*". Quando perdemos essas coisas que julgamos que nos pertencem, sentimos luto. "*O luto é do tamanho do apego*". O professor aconselha: "*Eu sou a favor de não reprimir esse sofrimento*", a favor de se fazer como os judeus ortodoxos que ficam meses em luto sem sequer tomarem banho. As pessoas vão visitar os enlutados e dizem que sabem que ele está sofrendo. Porque, diz ele, "*(...) se eu não entrar nesse buraco, nessa escuridão, nesse silêncio, eu não deixo a pessoa [que morreu] ir. Eu vou criar fantasmas, eu vou criar assombrações, eu vou criar demônios, que vão me perseguir, que vão me fazer sofrer*". Os indígenas são assim: quando um deles está sofrendo, os parentes ficam em volta acompanhando e esperando a dor passar. Com o luto pela morte, é a mesma coisa, é preciso esperar passar. Diz ele: "*Quando você deixa que os outros morram, aí eles podem assumir uma presença saudável na sua vida.*

Aí você consegue agradecer pelo que ele entregou na sua vida. Nas sociedades tribais é sempre assim: as crianças aprendem, os adultos praticam, os anciões ensinam".

E complementa: "*Então, eu acho que o papel do luto é objetivamente esse, é você passar, entrar nesse túnel escuro mesmo, mas entrar intencionalmente, entrar sabendo o que você vai fazer nele, passar por essa treva, e é sofrer, simplesmente sofrer. É não disfarçar, não negar o sofrimento, fingir que não tinha apego.*"

Quando perguntado se os vivos podem se comunicar com os mortos, Scaff diz que a realidade é feita de diferentes estruturas com diversos níveis de percepção. Quando fechamos os olhos e passeamos pela nossa casa, quando sonhamos e fazemos coisas imponderáveis, entramos em contato com outros níveis de realidade que se "*(...) estruturam por certas leis, experiências e formulações. Essas estruturas resistem às demais formas de realidade*".

TS acha que o suicídio é um direito. Segundo ele, muitas pessoas passam a vida tentando corresponder às expectativas dos outros e acabam perdendo a própria vida. Há um momento em que uma pessoa reconhece que perdeu, que não deu conta e desiste. Mas existem muitas formas de suicídio, as drogas são uma das formas. Ele menciona o filósofo grego Heráclito, ao afirmar que todos nós temos lados bons e maus, e que ele não tem nenhuma ideia punitiva em relação ao mau que fazemos ou provocamos: "*Em cada ser, todos nós somos completamente bons e maus, simultaneamente*". Aristóteles também defende isso. Diz ele que o homem sempre está em busca do bem, o mau só acontece na perspectiva de quem foi prejudicado pelo que o outro fez. Por exemplo, a feitiçaria. "*Se eu faço um despacho para corrigir uma injustiça, esse despacho é bom para mim e ruim para alguém*". Portanto, a nossa relação com a morte não deve ser de buscar o paraíso nem a punição, são outras dimensões da realidade que nem todos percebem. A força do despacho, segundo o entrevistado, a força da magia, é das pessoas, e não de espíritos desencarnados.

"*A morte para mim é o fim da vida como a conhecemos*". Isso porque, segundo o entrevistado, a realidade só existe porque há um corpo físico receptor que capta a realidade e emite sinais para o cérebro. Quando esse corpo termina, essa realidade também termina. E a realidade, para ele, é feita de pura energia transformada em diferentes estados. Uma energia que não sabemos o que é – sabemos transformar energia – a energia da água em energia luminosa, por exemplo, mas não sabemos criar energia, nem sabemos exatamente o que ela é. TS acredita na doutrina antroposófica de Rudolf Steiner, que diz que há nove estados diferentes de matéria (energia) e que somos feitos dessas três instâncias: "*Corpo físico, corpo etéreo, corpo astral*". "*Depois, corpo anímico, alma da consciência e consciência. Depois consciência espiritual, espírito e Nous (pneuma, para Platão)*". Essa energia, segundo o entrevistado, vai se modificando continuamente em diferentes composições, como a água que vira vapor, depois chuva, depois rio, e assim por diante. Nós também vamos entrando em outras composições e estados energéticos. Dessa forma, é possível pensar que uma célula de carbono que existiu há milênios, hoje faz parte do nosso corpo e continuará a se misturar e a se transformar. Se a ciência comprova que isso acontece com a parte material da vida, não há porque negar que aconteça com nossas ideias e saberes. É muito possível pensar que nossas lembranças, ideias e afetos também permaneçam existindo e se transformando. Por outro lado, como acreditavam os neoplatônicos e como proclama a Umbanda, tudo isso é obra do Sagrado que criou a vida, a morte, o bem e o mal.

Como se pode observar pela entrevista com esse filósofo neoplatônico e psicólogo holístico, não são apenas as religiões que procuram criar explicações para os segredos da vida, para a própria vida e a morte, mas também as filosofias se ocupam dessas questões. Em suas palestras, *workshops* e atendimentos, TS trabalha com o sofrimento humano das perdas e rompimentos.

Centro de Valorização da Vida - CVV

O Centro de Valorização da Vida é uma associação sem fins lucrativos, filantrópica, reconhecida como de Utilidade Pública Federal, mantenedora e responsável pelo Programa CVV de Valoração da Vida e Prevenção do Suicídio, fundada em São Paulo, em 1962, à Rua da Abolição, região central. Seu objetivo é oferecer apoio emocional a todos que o procuram através de chamados telefônicos anônimos em Centros que hoje estão espalhados por todo o país. Reúne cerca de 70 postos de atendimento e de 7.000 voluntários que se revezam prestando um atendimento de 24 horas diárias, incluindo finais de semana e feriados. Inicialmente, os atendimentos eram apenas telefônicos, mas, agora podem ser feitos via *chat*. As chamadas são gratuitas, de acordo com parceria estabelecida pelo Ministério da Saúde. Entrevistamos AA, que é voluntário e coordenador do CVV há muitos anos.

Ele explicou que é um programa social que funciona como franquia, isto é, quando alguém quer abrir um posto, pede orientação e há um investimento grande em treinamento. O modelo veio da Inglaterra, de um programa chamado *Be friends*. Um posto do CVV pode funcionar em diferentes lugares como clubes privados, por exemplo. É um dos maiores geradores de chamadas do Brasil, chegando ao marco de um milhão de chamadas/ano. Os voluntários não passam por seleção, é a própria pessoa que deve se sentir apta ou não. Mas, diversos cursos são oferecidos para treinamento dos voluntários. Nesse treinamento, aprende-se a não julgar, a prestar atendimento para qualquer necessidade de quem procura o Centro. "*Nós usamos várias técnicas de atendimento, por exemplo: perguntas, perguntas de conteúdo, de sentimento. Se alguém liga para pedir opinião, devolvemos a pergunta, não estamos ali para dar opinião, apenas para exercer a escuta*", disse o entrevistado. "*Temos que nos exercitar em desapegar de nossos valores*", explicou.

"*As ligações são sigilosas e não perguntamos nada, nem nome, nem gênero, nem idade*". Há pessoas que ligam apenas por extrema solidão, para falar com alguém. Há pessoas que ligam para falar da novela que estão assistindo, para conversar com alguém que o escute. Aí cabe ao voluntário ir colocando um fim na conversa pois, embora a solidão seja um problema, algumas pessoas não querem falar da solidão, apenas da novela. Há algumas pessoas famosas que são voluntários e apoiam o trabalho do CVV, como André Trigueiro,[5] por exemplo, que é voluntário de apoio, e não plantonista. Os Centros são mantidos pelos próprios voluntários, que pagam as contas dos Centros por rateio. AA foi voluntário por 15 anos e atendeu cerca de 4.000 pessoas.

O CVV não tem orientação religiosa, embora o entrevistado seja kardecista e faça diversos trabalhos voluntários, inclusive com moradores de rua. É também Mediador de Conflitos no Fórum. No atendimento do CVV, já atendeu muitos suicidas, alguns que se suicidaram ao telefone, outros que ele não sabe se desistiram ou se cumpriram a decisão de acabar com a vida. Nós ficamos sabendo que alguns se suicidaram porque, nesses casos, há rastreamento policial e

---

5 André Trigueiro é um jornalista do Rio de Janeiro, professor de Jornalismo Ambiental e defensor de uma sociedade economicamente sustentável.

eles chegam até os voluntários que atenderam os suicidas. Ele atendeu também muitas pessoas enlutadas – viúvos e viúvas inconformados. Esse sentimento envolve tristeza, culpa, "*Muita culpa*", disse ele. "*É comum ouvir: eu poderia ter feito mais por ela, eu poderia ter ajudado, eu acho que foi falha minha, eu acho que eu deveria ter participado mais da vida dela. Há raiva também: Poxa! Ela me deixou aqui sozinho! Que sacanagem ela ter morrido e eu ter ficado sozinho! A gente se dava tão bem e agora ela foi embora! Então, tem muita coisa de egoísmo... por que a revolta em relação àquele que morreu?*", pergunta-se.

O entrevistado disse que, quando pais perdem filhos, sentem-se muito culpados, achando que falharam e que poderiam ter evitado a morte. Há também revolta contra os deuses que tiraram o filho ou filha. O CVV desenvolve nesse atendimento um método que chamam de Escuta Ativa – um atendimento imparcial, sem julgamento, com muita atenção ao sofrimento do outro. O voluntário deve criar o que eles chamam de "Triângulo das Bermudas": em um vértice, a pessoa; no outro, o problema; e, no terceiro, o sentimento. O voluntário não deve estar em nenhum deles, mas transitando por eles. AA: "*Os enlutados não poderiam procurar um parente? Poderiam, mas ele teme o julgamento, pois os sentimentos são contraditórios e envolvem culpa e raiva*".

Outra preocupação no atendimento é não perder o foco, não sair do problema e ficar no bate-papo. O sigilo envolve apenas a pessoa que chama o Centro, o voluntário pode ser identificado e a pessoa pode voltar a ligar numa outra ocasião.

O entrevistado disse que nos 15 anos em que atendeu chamados, pode perceber diferenças no sofrimento das pessoas e em como o expressam. É comum, hoje, por exemplo, as pessoas relatarem problemas de relacionamentos virtuais. Por outro lado, a partir do momento em que a ligação se tornou gratuita, aumentou muito o número de chamados. Hoje, também, a informática ajudou a racionalizar os atendimentos. Quem liga cai em uma central que distribui os chamados para os postos, dependendo da disponibilidade dos voluntários.

Quando lhe perguntei o que ele considera que consola um enlutado, respondeu: "*A Escuta Ativa, você estar ali presente e dar liberdade para que a pessoa fale livremente de seus sentimentos, sem qualquer julgamento. Por outro lado, a maioria das pessoas tem uma religiosidade e acreditam na continuidade da vida. Poucos são ateus. Muitos enlutados, inclusive, falam que sentem as pessoas mortas presentes, de diversas maneiras*".

AA disse que a maioria dos chamados é de mulheres pois, segundo ele, "*(...) elas têm mais facilidade para externar sentimentos. Os homens ligam, sim! Mas muitas vezes têm dificuldade de falar qual é o problema e dizer o que sentem*". Para ele, um dos maiores problemas da atualidade é a solidão, "*(...) muitas pessoas sozinhas, morando sós nos grandes centros*".

Ainda sobre o luto, ele relatou que há um serviço educativo com crianças chamado Zip, que se refere a um gafanhoto que um menino tinha numa caixinha. Um dia ele abre a caixinha e o gafanhoto morreu. Esse é o mote para se começar a falar na morte e no luto. Esse método é usado nas escolas para, desde cedo, trabalhar a perda. Para AA, isso é muito importante, pois o luto é inevitável e para ele não somos preparados. A partir desse relato conversamos sobre a necessidade da criança reconhecer o sentimento de perda que é parte da vida – nascemos perdendo o útero e temos que construir nossa identidade a partir dessas perdas. O entrevistado conclui: a perda é desagregadora, mas o pensamento e a compreensão do sentimento da perda ajudam a agregar.

Todo o serviço de atendimento do CVV é pautado no trabalho de um psicólogo norte-americano chamado Carl Ranson Rogers, que desenvolveu um método chamado

Abordagem Centrada na Pessoa, ou seja, uma psicoterapia baseada na relação entre terapeuta e paciente, na qual sobressaem a empatia e a congruência.

Considerações acerca das entrevistas

As entrevistas realizadas nos proporcionaram considerações importantes sobre o luto. A primeira delas é a de que, como explicam diversos pesquisadores, o luto, enquanto dor que sobrevêm a perdas de pessoas e coisas às quais somos apegados, é mais facilmente enfrentado e superado por pessoas que possuem uma fé religiosa, que professam uma religião ou participam de alguma comunidade religiosa. Essa constatação já foi analisada por um sociólogo, Émile Durkheim, na obra *O suicídio*, quando, por meio de dados estatísticos e intensa pesquisa, verificou que a taxa de suicídios de uma dada sociedade variava conforme a quantidade de pessoas que se declaravam pertencentes a uma dada religião – nas sociedades onde a religião era mais frequente entre os entrevistados, havia menores taxas de suicídio. Assim, o autor conclui que, entre outros fatores, a religiosidade predispõe menos as pessoas ao suicídio. Podemos entender essa análise na medida em que, como demonstraram nossas entrevistas, as religiões, de forma geral, tendem a negar a efetiva morte ou finitude da vida. Seja através da alma ou espírito que desencarna, seja através da crença na ressurreição, a morte efetivamente não põe fim à vida, mas apenas à vida humana e ao corpo físico.

Como explica Freud, a própria permanência da lembrança do morto na memória dos vivos parece sustentar a hipótese de que o morto, efetivamente, ainda vive. As religiões, segundo ele, transformaram a morte física em uma aparente "libertação" que levaria os seres a uma vida mais justa, feliz e vitoriosa. Com teorias reencarnacionistas, de transmigração da alma ou vida eterna, as religiões procuram negar efetivamente a morte. Há, portanto, diferentes formas de consolo que as religiões oferecem aos enlutados ou para aqueles que estão para deixar a vida. Em meio às perdas e à angústia provocada pelas transformações abruptas em sua vida, o acolhimento religioso apazigua e acalma o enlutado. Como veremos em capítulo posterior, a sociedade contemporânea tende a fazer do luto uma experiência que nega a própria morte – o corpo quase não é velado, pessoas comparecem ao velório de forma casual e apressada, procura-se anestesiar e medicalizar a tristeza dos enlutados, o morto adquire, através do tratamento e da maquiagem, uma aparência de vida e o tempo para as despedidas é o mais curto possível. Diante disso, as cerimônias, o envolvimento proporcionado pela comunidade religiosa, o suporte social e psicológico de sacerdotes, as preces e orações, apresentam-se como uma forma do enlutados elaborar seus sentimentos que, como vimos são diversos, contraditórios e ambíguos.

As cerimônias fúnebres, as rezas e o luto tendem a criar um espaço de encontro do enlutado consigo mesmo, permitindo-lhe dar vazão aos sentimentos e à dor. Além disso, as religiões oferecem o convívio com a comunidade. Há pessoas sempre dispostas a amparar o enlutado, em fazer-lhe companhia, em rezar junto, em pensar na vida que continua e em ouvir histórias e lembranças. As religiões oferecem aos enlutados um roteiro de atividades, de falas, de pensamentos, numa ocasião em que as referências parecem ter saído do lugar e para o enlutado é difícil decidir sobre si e sobre o que precisa ser feito na ausência do que morreu. Algumas religiões, como as cristãs, têm em Jesus Cristo, inclusive, um exemplo de superação da morte – segundo a Bíblia, ele foi condenado, morto e ressuscitou para nunca mais morrer. Isso explica, por exemplo, a grande presença da imagem de Cristo nos cemitérios, ornando os jazigos.

É preciso destacar também que os entrevistados revelaram a crença na existência de "outros níveis de realidade não-humana", embora com algumas diferenças significativas de como são esses níveis ou espaços transcendentais. Em qualquer uma das falas dos entrevistados, o mundo sagrado e a experiência *post-mortem* representam a realização de anseios terrenos. Alguns falaram em justiça, equidade, harmonia e todos se referiram à necessidade de deixar a alma ou espírito do morto ir embora para sua missão. O retorno à vida humana pela reencarnação tem por objetivo fazer a alma passar por mais experiências e se aprimorar – trata-se, portanto, quase como uma punição pela sua imperfeição. Todos admitem que espíritos perfeitos não "necessitam" mais reencarnar. Portanto, admite-se que em outros planos não-humanos existe mais felicidade, realização e organização e é neles onde os justos e evoluídos devem viver. Importante também pensar que esse universo transcendental é governado por uma autoridade superior, perfeita e onipresente da qual deriva toda ordem. Essa autoridade é, como explica Freud (1927/2006) em *O futuro de uma ilusão*, a projeção da autoridade paterna que, como veremos em capítulos subsequentes, tem perdido sua importância na sociedade contemporânea. Por um lado, essa crença na vida após a morte e em espaços pós-humanos ajuda o enlutado a separar-se do morto e a retomar sua própria vida. Os entrevistados desaconselham unanimemente a manutenção de relações constantes, próximas e sem a mediação de um sacerdote entre os vivos e os mortos. Entretanto, por outro lado, projetam na vida após a morte a esperança na existência de uma autoridade paterna onipotente, de justiça e de realizações que lhe faltam na civilização humana. Diz Freud (1927/2006, p. 26):

> O desamparo do homem, porém, permanece, junto com ele, seu anseio pelo pai e pelos deuses. Estes mantêm sua tríplice missão: exorcizar os terrores da natureza, reconciliar os homens com a crueldade do Destino, particularmente a que é demonstrada na morte, e compensá-los pelos sofrimentos e privações que uma vida civilizada em comum lhes impôs.

Entrevistas com os profissionais do CVV e da UNIPAZ, que são instituições laicas de assistência que acolhem enlutados, mostram também a importância da escuta e do acolhimento daqueles que perderam uma pessoa ou objeto amado. Fica claro nessas entrevistas que o luto não é um processo simples e que, ao contrário do que muitos dizem como forma de consolo, "o morto não descansou". O luto é uma das principais fontes de sofrimento psíquico e precisa ser assim tratado. Vejamos como a psicanálise pode oferecer tratamento a essa dor.

4. LUTO MEDIATIZADO

A sociedade humana se caracterizou sempre pelo desenvolvimento da comunicação e da linguagem. Somos seres de linguagem, como bem definiu Michel Foucault (1981) em sua obra *As palavras e as coisas*. Jacques Lacan também deu a devida importância à comunicação interpessoal nas relações humanas. Partindo do princípio que somos seres cuja relação com a realidade se dá através do imaginário, é através da linguagem que expressamos nossas percepções e sentimentos e forjamos, ao mesmo tempo, nossa individualidade e a cultura que compartilhamos com nossos pares. Nos discursos assim forjados circulam elementos da realidade, do imaginário e dos sistemas simbólicos com os quais nos expressamos e que estruturam nossas experiências e nosso inconsciente.

Os laços sociais são assim estabelecidos, compreendidos e manifestos através da linguagem. Miriam Debieux Rosa (2017, p. 23) explica, a respeito da teoria lacaniana: "Os discursos que circulam num dado tempo indicam os modos de pertencimento possíveis para cada sujeito, atribuindo a cada um valores, lugares e posições no laço. Esses discursos procuram equiparar-se ao campo simbólico da cultura e da linguagem".

É dessa forma que a autora justifica a necessidade de compreender o sistema social para entender como ele condiciona o sujeito e seu posicionamento no mundo. Wilson Buran afirmou, em sua aula sobre Jacques Lacan no Curso de Psicanálise do Instituto Brasileiro de Ciência e Psicanálise: "Lacan descreve a linguagem como simbólico, já que é por meio dela que o sistema de representações, baseado em significantes, determina o sujeito, à sua revelia. É por meio desse sistema simbólico que o sujeito se refere a si mesmo ao usar a linguagem".[6]

No que diz respeito à linguagem e à cultura, os sistemas de comunicação, criando laços entre os indivíduos e intermediando a sua relação com a realidade, tornam-se elemento importante para interpretar o comportamento humano e as formas de identidade que se estabelecem através deles.

Em relação ao luto e aos rituais fúnebres que vimos estudando nesse trabalho, pudemos ver que eles sempre estiveram imersos em uma série de discursos e linguagens. Há os discursos verbais – palavras ditas, textos escritos sobre os mortos, narrando a vida do morto, sua biografia, características pessoais e informações sobre suas realizações. São registros de memórias, de histórias de vida que têm seu papel no momento da morte e depois dela, relembrando a passagem pela vida.

Muitos rituais são acompanhados de cantos e ladainhas de cunho religioso que criam um ambiente emocional de calma ou de tristeza e respeito pela morte. Sons de sinos e instrumentos musicais foram mencionados por muitos dos nossos entrevistados como acompanhamento aos funerais das diversas religiões. Carpideiras, mulheres pagas para chorarem o defunto durante os velórios, existem há mais de dois mil anos e são comuns, ainda, nos rituais fúnebres das sociedades rurais. João Cabral de Mello Neto (1955, p. 10), em sua obra *Morte e Vida Severina*, faz menção a essa profissão por meio de uma personagem que, perguntada sobre as possibilidades de trabalho na região por onde passa Severino (Pernambuco), o protagonista do poema, responde:

6 Informação oral em aula apresentadas na data de 18 de agosto de 2018, no referido Curso de Psicanálise.

Essa vida por aqui

É coisa familiar;

Mas diga-me retirante,

Sabe benditos rezar?

Sabe cantar excelências,

Defuntos encomendar?

Sabe tirar ladainhas,

Sabe mortos enterrar?

-Já velei muitos defuntos,

Na serra é coisa vulgar;

Mas nunca aprendi as rezas,

Sei somente acompanhar.

O retirante Severino, então, pergunta:

E ainda se me permite

Que volte a perguntar:

É aqui uma profissão

Trabalho tão singular?

É sim uma profissão,

E a melhor de quantas há:

Sou de toda a região

Rezadora titular.

(MELLO NETO, 1955, p. 10)

Nas artes, de uma maneira geral, há uma longa tradição em representar a morte. Os cemitérios se transformaram em grandes galerias de arte, com esculturas de artistas célebres representando o morto em sono profundo, a entrada no Paraíso, e a recepção por anjos. Grande parte do trabalho dos escultores é para encomendas tumulares. Os túmulos também, como vimos em capítulo anterior, costumam trazer informações e frases de adeus, cheias de sentimento dos vivos pelos seus defuntos. Muitas vezes, tais textos vêm acompanhados por fotografias que imortalizam a fisionomia dos que morreram. Susan Sontag (2003, p. 65), fotógrafa e ensaísta, diz: "Captar uma morte que está a ocorrer e embalsamá-la para todo o sempre é algo que apenas uma câmara pode fazer". Durante o século XX, era comum que, após a morte de um parente, a família enlutada mandasse imprimir pequenos cartões ou "santinhos" com a fotografia de quem morreu, nome completo, data de nascimento e morte e alguma frase elucidativa, que eram enviados por correio a parentes e amigos como anúncio e também como lembrança.

A Missa em sufrágio da alma de

RUI TADEU DA MOTA

Nasceu - 28 - 10 - 1936
Faleceu - 23 - 06 - 1978

pela passagem do seu natalício, na Igreja de São Francisco às 9:30 horas

ORAÇÃO

Tu, que dedicaste a tua vida inteira aos teus, que fôste o nosso amigo de todos os momentos, pede ao Pai de Misericórdia que nos dê resignação e força para podermos carregar a cruz desta cruel separação.

Além da fotografia, os diversos meios de comunicação, à medida que se desenvolveram, assumiram o papel de registrar, fixar, informar e divulgar a morte de pessoas, sejam elas personalidades públicas ou o cidadão comum. Podemos dizer que os meios de comunicação, especialmente os jornais impressos, ajudaram a tornar a morte um acontecimento público e uma forma de compartilhamento. A pesquisadora Madalena Oliveira (2005, p. 1955) diz, a respeito dessa apropriação da morte – seu anúncio e celebração – por parte dos meios de comunicação: "A experiência emotiva revela-se assim cada vez mais colectiva e gregária, acentuando a fusão, o ser e o sentir em conjunto. É por isso que, embora tímida, envergonhada e privada, a dor individual tem uma especial propensão para se converter em dor colectiva".

Willian Vieira (2014) dedicou seu Mestrado a estudar justamente um tipo específico de narrativa jornalística dedicada a informar e rememorar pessoas falecidas – o obituário – essa narrativa, no mais das vezes elogiosa, de caráter biográfico, que relata o que uma pessoa recém-falecida fez ou foi em vida. Esse gênero jornalístico tem geralmente um caráter epopeico ou trágico que procura dar distinção e honra ao morto. Trata-se de uma forma de tornar pública a biografia e a notabilidade de pessoas consideradas importantes na sociedade e com recursos financeiros para custear a publicação. Por outro lado, esses obituários serviriam também, segundo o autor, para reafirmar valores de distinção social como vida profissional e constituição familiar. A proliferação dos obituários foi devida, segundo Vieira (2014), ao desenvolvimento da alfabetização, ao desenvolvimento da imprensa, ao *boom* populacional e, também, à convivência cada vez maior com guerras e desastres. Biografias e panegíricos – poemas elogiosos sobre um falecido – foram outros gêneros que se difundiram na imprensa, desde o século XVIII, quando o papel passou a substituir a lápide na função de divulgar o falecimento de alguém.

Edgar Morin afirma que a morte é sempre trágica e que os meios de comunicação a celebram de forma solene e sagrada, especialmente quando diz respeito a personalidades mediáticas e pessoas públicas. Algumas mortes de celebridades, como a da Princesa Diana de Gales, em 1997, ocupam os meios de comunicação por vários dias – reportagens, fotografias, vídeos, matérias televisivas, documentários, tornaram o acontecimento em espetáculo mundial. Observa-se, entretanto, que. apesar dos meios de comunicação se ocuparem dos mortos desde o surgimento da imprensa diária, no século XIX, nas últimas décadas tem aumentado o interesse pelas notícias que informam e registram a morte. Vieira (2014, p. 84) explica esse recrudescimento como a vitória dos vivos contra a morte pois:

> Junto ao voyeurismo aparentemente mórbido de testemunhar a morte de alguém (*in absentia* ou *in presentia*), haveria uma espécie de estímulo universal à vida no consumo de representações biográficas narradas sob o signo da morte. O obituário seria um lugar de institucionalização de um discurso sobre a morte que funciona como apoderamento dos vivos sobre a morte, como uma delimitação clara de que a morte é o outro, está distante e encerrada nos muros do discurso.

As consequências dessa ênfase dada à morte pela comunicação são, por um lado, torná-la um dos assuntos que mais merecem atenção do público – pessoas em agonia são acompanhadas diariamente pelo noticiário, acidentes e tragédias envolvendo mortos são veiculados incansavelmente. Agências de notícias preparam longos dossiês sempre que se vislumbra a proximidade da morte de personalidades de destaque social. Por outro lado, esta espetacularização da morte pelos meios de comunicação tende a banalizá-la – a notícia da morte, tão arduamente preparada pelo noticiário, acaba sendo recebida quase com indiferença. Outra consequência dessa exposição é certa impessoalidade que os meios acabam imprimindo ao acontecimento. A morte torna-se mediada, isto é, o contato das pessoas com ela não se dá diretamente, mas por meio dos meios de comunicação, que procuram sempre ser impessoais e neutros.

Dessa forma, como tão bem têm analisado os pesquisadores que estudam o impacto da mídia no comportamento do público, podemos dizer que houve, à medida que se desenvolveram os meios de comunicação, uma apropriação da morte por parte da imprensa e a exploração dos sentimentos que ela desencadeia de sofrimento, angústia e êxtase. Entretanto, tais sentimentos se deslocaram da experiência concreta e pessoal com a morte, para uma vivência mediada que se aproxima da ficção. A morte, à medida que se tornou menos vivida pelos enlutados, na vida cotidiana, surge como tema ou assunto de grande relevância pelos meios de comunicação, que dela tratam de forma espetacular.

Mas a proliferação dos textos, matérias e notícias sobre a morte, não só na imprensa escrita, mas também na falada e videografada, se deve a um interessante paradoxo – a morte não se apresenta mais, como no começo da imprensa, como um fato inesperado e extraordinário, mas cotidiano. Vivemos um *boom* populacional, que se espreme cada vez mais nas grandes cidades, criando uma massa de pessoas desconhecidas e anônimas. Nessas condições, todos os dias morrem pessoas importantes e comuns, cuja morte cada vez mais testemunhamos e parece ocorrer de forma muito próxima. Ouvir falar da morte, vê-la representada em fotografias, no jornal ou na televisão, cria um filtro, um anteparo que isola o leitor, o ouvinte e o espectador da própria morte que, ao mesmo tempo que atrai de maneira mórbida, amedronta e assusta. Assim, essa convivência maior com a morte se torna mais suportável quando assistida pelo vídeo ou ouvida pelo rádio.

Por outro lado, paradoxalmente, a imprensa diária, escrita, falada, televisionada, conforme analisei no livro *A milésima segunda noite*, tem o poder de criar uma fantasiosa ideia de infinitude e imortalidade. A partir do estudo do gancho da telenovela, recurso narrativo que interrompe a história no momento de maior tensão emocional, pude perceber que as doses diárias de ficção apresentadas nas telenovelas têm o dom de dar aos espectadores a sensação de continuidade e sobrevivência. Quando a narrativa ficcional se interrompe no exato momento em que, por exemplo, um personagem aparece para salvar o herói da morte, o espectador projeta para o dia seguinte a continuidade esperada, vislumbrada e adiada da história. Saber o que nos espera no dia seguinte é uma das formas pelas quais tentamos ludibriar a incertezas da vida, especialmente a dúvida sobre se estaremos vivos ou mortos no dia subsequente.

Assim, os meios de comunicação criam o que podemos chamar de "morte mediada", uma morte que está sujeita a uma grade horária, a um autor e a uma programação.

Resta, neste capítulo, falarmos dos meios contemporâneos de comunicação – os meios digitais e as redes de computadores, especialmente a Internet. O desenvolvimento da comunicação em rede possibilitou a formação de redes sociais como o *Facebook*, o *Instagram* e o *YouTube*, entre outras. Nessas redes, grupos de pessoas que desejam compartilhar conteúdos entre elas unem-se formando uma comunidade. Além dessa novidade em termos de comunicação, existe a possibilidade dos conteúdos veiculados nessas redes serem não de autoria de profissionais da comunicação, mas dos próprios usuários que publicam textos, fotografias e vídeos distribuídos pela rede ou pelas pessoas escolhidas por quem pública. Essas possibilidades dos novos meios digitais revolucionam o campo da comunicação, tornando cada pessoa, possuidora de um equipamento compatível com a rede, produtora de conteúdos. Para a presente pesquisa, acompanhei um grupo no *Facebook*, intitulado *Luto*, onde membros que perderam pessoas próximas e queridas podem postar imagens fixas ou em movimento e expressar seus sentimentos.

Para se tornar membro do grupo, o candidato responde a um questionário que indaga sobre seu interesse em dele participar. Essa resposta é enviada aos administradores que aceitam ou não sua candidatura. Minha candidatura foi aceita mediante explicação de que sou pesquisadora e que meu tema é o luto, sendo o interesse científico. Tenho, desde então, acompanhado as publicações para saber o que buscam as pessoas enlutadas.

Trata-se de um grupo em sua maioria de mulheres que perderam filhos, pais e cônjuges e que publicam no grupo imagens, frases, notícias sobre os parentes, geralmente relatando o tempo de luto que, na maioria das postagens, ultrapassa um ano. Membros do grupo costumam reagir às publicações com imagens (fotos ou desenhos) de dor ou solidariedade e pequenas frases de consolo.

As notícias são da morte prematura de jovens, da causa de seus falecimentos, de pedido de orações e de ajuda para suportar o sofrimento. Eis alguns exemplos de publicações que acompanham fotos e vídeos.[7]

> *O que dizer num momento como este? Temos que aprender a receber tudo o que vem de Deus. Agradecer na alegria Agradecer na dor …*

> *Nenhuma mãe merece passar por isso, filhos não deviam morrer*

> *Muito triste muito triste msm*

7 As frases colocadas aqui como exemplo, em itálico, foram copiadas tal como aparecem na tela do computador. Não houve edição de texto.

A pior dor do mundo e perde um filho

Dois meses sem minha mãe, como sinto sua falta minha mãe

7 anos amanhã sem meu pai... meu herói... o câncer o tirou de nós... para ele acabou o sofrimento e para nós restou apenas as lembranças e a saudade.... saudade essa que só aumenta com o tempo

Meu pai....José Fernandes

Algumas publicações têm o tom de um obituário:

> *Hoje o dia começou triste com a partida dessa linda e corajosa menina, conversei algumas vezes com ela pelo wpp, tínhamos amigas em comum, e nos últimos dias acompanhei a sua luta pela vida, me uni em oração com todos. Hoje sua missão foi concluída com sucesso e ela deve estar sendo recebida com alegria e festa no céu, não é fácil entender os caminhos do nosso pai, mas a certeza que fica é que vc pequena chaverinho era grande demais para continuar aqui, VC merece brilhar no céu com seu sorriso! Saudade será sem fim, vá para luz guerreira até um dia!!!*

Além dessas publicações de caráter pessoal dos membros do grupo, há notícias sobre mortes repentinas e violentas, provavelmente retiradas de outras mídias como jornais e revistas. Há também notícias sobre violação de túmulos e até de cadáveres como um conselho para que os enlutados cuidem de seus jazigos. Há muitas frases de cunho religioso para consolo dos enlutados, afirmando que o morto "cumpriu sua missão na terra", que "descansa em paz", que se espera "juntar a ele em breve".

Esse breve levantamento das publicações em um grupo do *Facebook* mostra que as pessoas continuam precisando da solidariedade e do compartilhamento de sua dor. O espaço aberto para sua livre expressão é utilizado para pôr em contato pessoas que julgam sofrerem o mesmo tipo de perda e revela o quão necessitados de falar e serem ouvidos estão os enlutados. E, mais uma vez, aponta para a tendência de os meios de comunicação virem a ocupar uma função que antes era realizada pessoalmente, ao vivo e de forma não mediada. A diferença entre as redes sociais e os meios tradicionais de comunicação é que o público participa, se identifica e pode falar de suas próprias perdas, enquanto que, nos meios convencionais, ele é apenas receptor.

5. LUTO LÍQUIDO

O que vimos trabalhando em nossa pesquisa é principalmente a ideia de que, apesar do luto ser um sentimento comum à humanidade desde sua origem enquanto espécie, as sociedades e os agrupamentos humanos têm trabalhado a relação com a morte, com os mortos e com os enlutados de maneira bastante diversa. Dependendo da cultura, das crenças religiosas e filosóficas, do modo de vida de um grupo, é a atenção que eles dão à morte e aos rituais que a acompanham. Mas, na civilização ocidental, que compreende as sociedades de tradição judaico-cristã, que se estabeleceu na Europa e nas colônias europeias da América, África e Ásia, assistimos, na atualidade, a uma crescente dificuldade em encarar a morte e em elaborar os sentimentos de luto em relação a seres próximos que morreram, assim como a objetos perdidos e situações de perda.

Elizabeth Kübler-Ross (2017), psiquiatra suíça, escreveu sobre as dificuldades atuais em se enfrentar a morte em seu livro *Sobre a morte e o morrer*. Nessa obra, mostra como rejeitamos a morte, sinal claro da onipotência da sociedade contemporânea que nos faz crer poderosos e imortais, o que torna o enfrentamento de nossa finitude cada vez mais dolorido e difícil. Segundo a autora, as narrativas da sociedade contemporânea, expressas em livros, filmes e videogames, tendem a valorizar as agressões que são infringidas aos que são considerados inimigos e as vitórias sobre os ataques que sofremos, criando uma falsa percepção de imortalidade, um falso sentimento de triunfo e eternidade. Assim, a sociedade permite a projeção "de desejos infantis de onipotência e imortalidade", diz ela (KÜBLER-ROSS, 2017, p. 18). Dessa forma, é cada vez mais com repulsa e indignidade que uma sociedade como a contemporânea enfrenta a morte.

A autora continua, considerando que essas dificuldades são decorrentes também da perda da importância da religião.

> Antigamente, havia maior número de pessoas que acreditavam incondicionalmente em Deus, inclusive numa vida futura, onde as pessoas seriam aliviadas de dores e sofrimentos. Havia uma recompensa nos céus e se tivéssemos sofrido muito na terra seríamos reconhecidos após a morte, dependendo da coragem, do denodo, da paciência e da dignidade com que tivéssemos carregando nosso fardo. (KÜBLER-ROSS, 2017, p. 19)

Mas, como ela mesma aponta, vivemos uma cultura na qual procuramos afastar qualquer dor ou sofrimento – queremos anestesiar as dores, distrair as preocupações, minimizar as perdas, acalentar falsas esperanças, num mundo ilusório de sentimentos e causalidades. Ao lado disso, o desenvolvimento da ciência e da tecnologia tentam prolongar o mais possível a vida, inclusive com a implantação de órgãos artificiais e equipamentos para respiração, circulação e nutrição de doentes terminais. Devemos mencionar também as inovações tecnológicas que conservam cadáveres em câmaras de baixa temperatura para preservá-los da destruição, acalentando a hipótese de, numa época de maior desenvolvimento científico, fazê-los voltar à vida.

Essa sociedade em que vivemos e que tem cada vez mais dificuldade para encarar a morte tem sido estudada por diferentes cientistas sociais que procuram mostrar de que forma uma nova cultura se estabeleceu, tornando obsoletos certos hábitos, comportamentos e valores que caracterizaram a vida humana. Um desses autores é Zygmunt Bauman que escreveu diversas obras analisando as tendências da atualidade como características de um "mundo líquido", ou seja, um mundo que perde seus contornos, sua consistência e sua forma. O que define para Bauman o mundo líquido? Em primeiro lugar ele diz que a globalização é um processo característico da atualidade. Vejamos o que ele pensa a respeito.

O mundo Antigo era formado por reinos que reuniam grupos étnicos bem diferenciados com uma mitologia e cosmogonia próprios, um idioma específico e ocupavam um mesmo território. Casavam-se entre si e mantinham certa unidade étnica e cultural. Alguns desses reinos formaram impérios, como os egípcios, enquanto outros, como os povos gregos, reuniam-se em cidades cujas fronteiras delimitavam seu território. A identidade desses povos com seus territórios e sua cultura era muito forte, fazendo do ostracismo ou do exílio uma das mais graves penas para os seus membros. Estrangeiros eram vistos com desconfiança e eram muito raramente assimilados, sendo que, muitas vezes, só ingressavam na sociedade como escravos ou trabalhadores braçais para executar serviços considerados degradantes. Sem considerarmos essa postura como desejável, é importante notarmos que, desde as mais remotas civilizações humanas, a identidade dos povos com seu território e sua etnia foi aspecto importante da cultura humana. O Império Romano foi a primeira sociedade antiga a impor aos povos dominados uma mesma língua, o latim, uma mesma religião, o Cristianismo, e uma mesma lei, a constituição romana.

Inicia-se, assim, o processo de globalização da cultura humana que se intensifica a partir do século XVI desta era, quando começaram as Grandes Navegações europeias. A partir de então, presenciamos a aventurosa conquista de outros territórios, nos quais se promoveu a aculturação dos povos conquistados, impondo-se a língua, a religião e as instituições sociais dos conquistadores. Esse processo transformou de forma radical a vida e a cultura dos povos colonizados que começaram a desenvolver um estilo de vida europeu espalhado pelo colonialismo pelo resto do mundo. Esse empenho na criação de uma cultura única, imposta às mais diferentes sociedades recrudesceu, no século XX, com o desenvolvimento dos meios de comunicação – veículos, estradas, meios de comunicação que foram aproximando inevitavelmente os povos. Finalmente, a criação da comunicação em rede, da Internet, criou relações intensas e próximas entre pessoas e países antes distantes e desconhecidos uns dos outros, em um fenômeno conhecido por globalização. Desde então, as relações de distanciamento e proximidade foram profundamente modificadas, as trocas monetárias, de produtos e de mensagens se intensificaram, fazendo surgir um novo espaço público virtual. Com as redes mundiais colocando em relação os cinco continentes, novas noções de próximo e distante, interno e externo, público e privado redefinem relações.

A consequência disso foi o enfraquecimento das tradições, dos hábitos e costumes autóctones e sua substituição por uma cultura mundializada que valorizava o consumo e o apego à vida. A cultura globalizada foi enfraquecendo os laços de vizinhança e familiares, fazendo com que o próximo, aquilo que cerca o indivíduo, se tornasse cada dia menos significativo e influente. Os rituais de luto, baseado em crenças religiosas de muitos séculos, às vezes milênios, perderam sua importância.

Bauman analisa a realidade contemporânea em seus livros *Tempos Líquidos* (2007) e *A Cultura do Mundo Líquido Moderno*(2013) e identifica também na instabilidade dos tempos atuais uma consequência da grande mobilidade social e geográfica que promoveu o desenraizamento das pessoas de suas comunidades de origem. O século XX, em razão das duas guerras mundiais, promoveu intensa imigração – grandes contingentes populacionais mudaram de países, foram exilados ou fugiram de regimes de força e situação de guerra. Desemprego, revoluções e a polaridade que se estabeleceu entre Estados Unidos e União Soviética, em meados do século XX, ajudaram à fuga de grupos de pessoas que nunca mais voltaram a seus países de origem. Essa mobilidade aliada à globalização desestabilizou as culturas tradicionais que foram se tornando obsoletas e distantes. Uma quantidade substanciosa de pessoas morreu em razão dessas guerras e dessas fugas, sem terem por perto seus descendentes, que deixaram de cumprir suas obrigações fúnebres.

Por outro lado, como bem mostra Bauman (2007, 2013), todas essas mudanças radicais, violentas e, na maioria das vezes, sem volta, provocaram um sentimento difuso de insegurança e medo que caracteriza os tempos atuais – as cidades se fortificam, as pessoas se munem de equipamentos de segurança, a desconfiança é um sentimento que se banaliza e a cultura contemporânea traz traços evidentes de desassossego. Em contraposição, o perigo, a morte e a luta contra ela, estimulam uma cultura de apego à vida, de uma juventude eterna e de alegria a todo custo. A morte é afastada da vida por todos os meios e entregue à ciência, à medicina e à tecnologia. Passamos por um momento da cultura ocidental em que, em vista dos perigos que norteiam a sociedade em que vivemos e o enfraquecimento das referências que obtínhamos da família, dos amigos e dos vizinhos, passamos a negar a morte e a considerá-la não como parte inerente à própria vida, mas como uma derrota, um acidente, uma desonra que devemos negar e dela nos afastar.

O sociólogo brasileiro Octavio Ianni (2000) dedicou-se a estudar as transformações da cultura e do poder na sociedade globalizada, mostrando que os indivíduos têm cada vez menos contato com a realidade imediata, passando a basear suas referências naquilo que lhe dizem e noticiam os meios de comunicação. Assim, ele alerta para o poder do novo príncipe eletrônico[8] que se apresenta pelas telas e por toda forma de manipulação mediática. Diz ele: "A indústria da manipulação das consciências é uma criação dos últimos cem anos. Seu desenvolvimento tem sido tão rápido e tão diversificado que sua existência permanece ainda hoje incompreendida e quase incompreensível" (IANNI, 2000, p. 149).

Outro autor bastante crítico da cultura contemporânea é o francês Guy Debord (1972), que escreveu o livro *A sociedade do espetáculo*, no qual mostra que os meios de comunicação e a sociedade da imagem, representada pela indústria do entretenimento, pela produção cinematográfica e pela publicidade, tendem a apresentar a realidade que nos cerca como um espelho invertido, no qual se expressa exatamente o simulacro da vida concreta e real. Relações humanas, produção material de mercadorias e dominação política são esferas da vida social mediada por imagens que exprimem o espetáculo da sociedade na qual nos inserimos. Imagens de felicidade, promessas de vitória, esperança de prosperidade são distribuídas cotidianamente pelos meios de comunicação, alienando o público de suas dificuldades, suas derrotas e seus revezes, fazendo com que tenham cada vez menos coragem e condições para enfrentar problemas e a própria morte, condição natural da vida.

Claro que essas transformações radicais da sociedade e da cultura na atualidade provocaram substancial modificação

---

8 Ianni chama de "príncipe eletrônico" o aparato dos meios de comunicação que adquirem cada vez mais poder no mundo, Trata-se de uma analogia à obra de Maquiavel, *O Príncipe*, em que o autor aborda o advendo das grandes monarquias absolutas na Europa do século XV.

nas relações interpessoais e, em especial, na família e nos papéis sociais a ela correspondentes. Sandra Aparecida Serra Zanetti e Isabel Cristina Gomes (2009) dedicaram-se a estudar como essa cultura, que alguns autores chamam de pós-moderna, modificou os laços familiares. No artigo *A ausência do princípio de autoridade na família contemporânea brasileira*, elas identificam três tipos de família: a tradicional ou antiga, baseada principalmente nos interesses econômicos e na conveniência dos laços que se criavam com o casamento; a moderna, predominante no século XIX e XX, baseada na realização do amor romântico e no êxito social; e a contemporânea, cujo foco está na relação de dois indivíduos que buscam satisfação sexual e pessoal, sem obedecer a um modelo estabelecido de funções e poder. Trata-se de uma nova relação familiar que defende a igualdade, a liberdade e a realização emocional dos membros. Defende também a possibilidade de escolher as regras pelas quais se norteiam as relações entre cônjuges e desses com os filhos. Nesse novo padrão familiar, a figura paterna como sendo fonte de autoridade e poder, perde sua força. Avanços e conquistas do feminismo contemporâneo colocam em cheque a autoridade paterna e sua função mantenedora da família que, antes, justificava seu poder de decisão. Nesse cenário de preservação da igualdade instala-se um clima de competitividade entre homens e mulheres que se reflete no poder de mando.

Nessas circunstâncias, as autoras dizem:

> Diante deste panorama, a família contemporânea, sob influência destes valores, pode acabar por se tornar um grupo em que as relações se estabeleçam de maneira menos profunda ou, ainda que seus elementos se tornem pouco sensíveis às causas daqueles que a compõem, proporcionando novos padrões de rela-

> cionamento para as futuras gerações, que enquanto crianças podem crescer com uma liberdade de caráter duvidoso, isentos de critérios solidamente estabelecidos – pouco compromissados com o próximo e imersos em suas preocupações de ordem narcísica. (ZANETTI; GOMES, 2009, p. 199)

Vimos, neste livro, que o luto e os rituais fúnebres, as crenças e o comportamento das pessoas diante da morte, assim como as funções e obrigações de cada pessoa diante da perda de um parente próximo, desde tempos antigos, é determinada pela família, reafirmando suas hierarquias, hereditariedade, ancestralidade e a substituição dos que se foram pelos vivos. Claro está que numa sociedade tão profundamente abalada na constituição da família, o luto, como espaço de reafirmação da ordem familiar e social, venha se desfigurando, perdendo suas características e funcionalidade, fazendo surgir o que poderíamos chamar de "luto líquido", parafraseando Bauman e nos apropriando de seu conceito tão próprio e explicativo da sociedade contemporânea.

Anthony Giddens é outro autor que aponta para essa desintegração da sociedade contemporânea, afirmando que a perda de importância das tradições leva a um enfraquecimento das instituições sociais que organizam a vida individual e coletiva. Baseada nesse autor, Silvia Pimenta Velloso Rocha (2005) argumenta que o ser humano perde suas referências e sequer sabe o que ou quem é. Passa então a substituir o ser por consumir, numa ânsia por encontrar essências perdidas. Como diz Debord, em *A sociedade do espetáculo*, o que se busca é uma identidade perdida que os meios de comunicação procuram substituir com produtos. As instituições, em compensação, atravessam profunda crise de identidade que se espraia na sociedade. Assim, como Freud (1930/2008, p. 37) explicou em

O Mal-Estar na Civilização, são três as origens do sofrimento humano: "(...) a prepotência da natureza, a fragilidade do nosso próprio corpo e a insuficiência das instituições que regulam as relações entre os homens no seio da família, do Estado e da sociedade".

Para Freud (1930/2008), o conjunto das instituições, assim como os feitos humanos, formam o que se pode entender por civilização, aquilo que distingue a nossa vida da dos demais animais e cuja finalidade é a proteção contra a natureza e a regulação das relações dos homens entre si. A civilização e as instituições que a representam e a tornam possível é o espaço da vida humana em que se dá o embate entre as forças instintivas e o seu controle em prol da vida coletiva, onde se dá "a luta entre Eros e a morte, entre o instinto vital e o instinto destrutivo, tal como ela está presente na espécie humana" (FREUD, 1930/2008, p. 79).

Vivemos, portanto, dado o processo pelo qual a civilização contemporânea foi enfraquecendo tradições, princípios de autoridade, sentimentos de pertencimento, identidades, instituições, numa sociedade que, por mais que se caracterize pela agressividade do homem contra si mesmo e contra os demais, rejeita a morte como parte natural da vida e busca transformar os rituais fúnebres em um momento de despedida rápida, de convívio social e, por vezes, de comemoração. Esse ritual apressado, especialmente nas grandes cidades, não dá as condições que havia no passado para a elaboração dos sentimentos de perda, nem para a preparação das mudanças adicionais que acontecem com a morte de um parente, companheiro ou amigo. O resultado é que a libido e a dor são reprimidas, assim como os sentimentos de culpa ou raiva, sobre os quais já falamos. Essa repressão fará com que, em vez de superação da perda, esta se torne infinita e emerja sempre que algum estímulo evoque esse luto contido. Essa condição da sociedade atual é favorecida, segundo Freud, pelo fato de que em nosso inconsciente rejeitamos também a morte. São suas palavras:

> Segue-se daqui que nosso inconsciente não acredita na sua própria morte e age como se fosse imortal. Aquilo a que chamamos nosso "inconsciente", os extratos mais profundos de nossa mente, compostos por impulsos instintivos, não conhece nada de negativo, não sabe o que é a negação – no inconsciente os opostos coincidem – e logo também não reconhece a própria morte (...). (FREUD, 1930/2008, p. 143)

Assim é que pela natureza de nosso inconsciente e pelo processo civilizatório em que nos encontramos, a morte tem se transformado em um elemento de difícil abordagem, desencadeando processos repulsivos e de rejeição que resultam em rituais de luto apressados, medicalizados, ignorados, espetacularizados, que promovem o que chamamos de "luto líquido". Diante dessas considerações podemos propor que, através da psicanálise, o luto possa promover efetivamente a superação da dor e o desinvestimento da libido para uma nova orientação, um novo objeto, um novo ser. No próximo capítulo, que encerra este trabalho, vamos analisar o que psicanalistas propõem para essa ação da psicanálise para os enlutados.

6. LUTO E TRATAMENTO PSICANALÍTICO

Procuramos demonstrar, neste trabalho, que o luto sempre foi um processo difícil de ser tratado, enfrentado e elaborado pelos enlutados. Por mais que todos tenhamos que enfrentar a perda de entes próximos ou amados, de bens e objetos com os quais temos forte identificação, parece que nunca estamos realmente preparados para a dor que sobrevêm à perda e para a separação que se inicia. A capacidade para o desinvestimento da libido, a força para enfrentar as mudanças que a perda desencadeia em nossas vidas parecem faltar e somos colocados diante de procedimentos que reprimem o sofrimento, nos colocam diante de pulsões destrutivas e estados melancólicos e mórbidos. Segundo Freud, nesses casos, o objeto perdido é internalizado, o amor investido no objeto retorna ao ego sob a forma de seu oposto, o ódio e o rancor. Érico Bruno Viana Campos (2013, p. 16) diz, a respeito disso: "É por meio desse caminho tortuoso que combina aspectos amorosos e agressivos da libido por meio de mecanismos de identificação que podemos entender o afeto depressivo e o luto pelo objeto em Psicanálise".

Este autor, com base em Freud e Melanie Klein, analisa que o luto patológico, ou seja, aquele que se prolonga mais do que o usual e leva a quadros depressivos, resulta de traumas anteriores e primitivos, nos quais a criança é levada, pela angústia com a perspectiva de destruição ou desintegração de objetos amados, a negar essas fantasias e representações. Esse trauma primitivo é que é revivido nos casos de luto patológico manifestando a dor do narcisismo ferido. Cabe à psicanálise, então, reconstituir essa cadeia de representações e possibilitar que essa identificação da perda recente com a angústia do trauma primitivo se rompa.

Sentimentos e ambiguidades

Outro aspecto importante que tratamos nas páginas precedentes é a ambiguidade e contradição dos afetos que povoam o enlutado – os sentimentos de amor e raiva estão presentes – a saudade e o alívio com a morte do outro, por mais próximo que ele seja de quem sofre a perda. Isso em razão da própria ambiguidade do amor e das contradições que permeiam a dor e a saudade. De forma correlata, o luto traz o sentimento de culpa, até mesmo por alguma vez ter-se desejado a morte do outro, em um momento de raiva e conflito. Sentimentos de raiva e de culpa trazem ao luto uma dor a mais. Cabe ao psicanalista oferecer espaço para que o paciente possa reconhecer esses sentimentos e aprenda a conviver com eles.

A morte, para muitos pesquisadores, está associada também ao narcisismo, tão estimulado nas sociedades atuais. A perda de pessoas e objetos amados representa uma dura prova para a fantasia de onipotência e o desejo de controle da vida que a sociedade nos faz alimentar. Tendendo desde a infância para a autodepreciação, essas pessoas se agarram à falsa imagem de poder e dão vazão ao seu egocentrismo que também o faz buscar seres e objetos nos quais se projetam e com os quais se identificam, estabelecendo com eles uma relação simbiótica. A perda desses seres e objetos coloca por terra as defesas com as quais esses pacientes refugiavam-se de sua baixa autoestima. Assim, o enlutado tende à depressão, à raiva, aos sentimentos de traição e culpa. Levados às últimas consequências, esses sentimentos o aproximam da própria morte e do desejo de autodestruição. Roosevelt Moisés Smeke Cassorla (1992, p. 92) escreve, em *Reflexões sobre a psicanálise e a morte*:

> No ser humano encontramos, dentro desse espectro imaginário, todos esses elementos articulados entre si, opondo-se e, paradoxalmente, comumente existindo. Amor e ódio, solidariedade e inveja, doação e espoliação, humildade, orgulho e arrogância, criatividade e destrutividade são exemplos, por vezes, de aparentes antíteses, que convivem em todos nós, de maneiras peculiares.

De forma correlata ao luto, a dor que advém da perda do ser e do objeto amado, também se mistura a outro sentimento ambíguo – a vitória sobre o que morreu. O medo da morte e a forma como ela se relaciona, na sociedade contemporânea, com a derrota, a incapacidade, o castigo e a fraqueza, não com a vida e a luta, como nas sociedades antigas, faz com que à medida que ela se torna próxima, o enlutado sinta alívio por não ter ele vivido essa experiência extrema. Por outro lado, esse sentimento de alívio e terror por ter estado tão próximo da finitude, aumenta seu sentimento de culpa e o desejo de autodestruição.

Há indícios desse sentimento de apego à vida por parte do enlutado e do alívio que sente por permanecer vivo, mesmo que em sofrimento. No livro *O brilho do bronze (um diário)*, Boris Fausto (2014) relata seus sentimentos em relação à morte da esposa por quem tinha especial amor. Diz ele que, indo para uma visita ao jazigo da família, o taxista que o conduzia, diante de um casal de mãos dadas passeando na rua, disse-lhe: "É bonito, um casal se olhando assim. Só que quando um morrer o outro vai em seguida" (FAUSTO, 2014, p. 13). O autor comenta em seu diário: "Calo diante da profecia. Já à saída do carro narro ao motorista minha situação de luto e digo que, apesar de tudo, não pretendo deixar este mundo, a não ser forçado" (FAUSTO, 2014, p. 13).

Luto e lutos

A autora Vera Esther (2011) relata, em seu artigo *A dor do luto e seu acolhimento psicanalítico*, o tratamento proporcionado a uma paciente que a procurou depois do suicídio de uma filha de 18 anos. Diz ela que, muitas vezes, o luto não se refere apenas à perda mais recente, mas a outras perdas havidas na vida do enlutado. No caso de sua paciente, à dor recente era acrescida a do luto que sua própria mãe sofrera quando da morte de um filho nascido morto, fazendo-a ficar distantes dos demais filhos ainda pequenos. A paciente havia sofrido também um aborto e a perda da infância quando os pais tiveram que se mudar de cidade. Assim, por trás do luto recente, há, muitas vezes, uma série de perdas que vão se acumulando e que precisam ser elaboradas e apropriadas pelo paciente.

Nesse sentido, também é importante a associação que alguns autores fazem entre luto e envelhecimento – dada a proximidade da morte e o avanço da idade que faz com que a pessoa acumule perdas, o luto parece ser um afeto cada vez mais presente na vida dos idosos. Mesmo que uma morte não seja vivida em fase recente, é possível que o sentimento de perda esteja presente nos pacientes velhos. Ângela Mucida (2006, p. 146), que se especializou no tratamento do idoso, afirma:

> A velhice nos traz o desamparo de forma incisiva. Teme-se na velhice, já o dissemos, não a morte, já que o inconsciente a desconhece, mas outra morte que escutamos na clínica – a morte do desejo, a ex-

posição do gozo. Todavia, isso não pode ser associado simplesmente à velhice; o desejo não se mede pela idade cronológica, pela idade de nossos vasos sanguíneos, artérias, ossos ou coração, mas sustenta-se por nossa relação como os objetos, à medida que podemos agalmatizá-los.

Eros X Tanatos

É importante perceber que no luto, o ser humano revive diversas situações difíceis de sua existência enquanto espécie e enquanto individualidade. Somos seres conscientes de nossa morte e de tudo aquilo que nos cerca, daquilo que amamos e do que rejeitamos. Sabemos de nossa finitude e fragilidade, como tão bem descreveu Freud em *O princípio do prazer*, expondo a oposição entre Eros e Tanatos, entre pulsão de vida e pulsão de morte. Sabemos de nossa finitude e temos consciência dela, embora a sociedade esteja sempre criando fantasias de imortalidade e onipotência. A morte dos que nos são próximos, a perda de entes e objetos amados reascende em nós a consciência de nossa própria finitude, trazendo insegurança e medo. A psicanálise pode elucidar para o paciente essa oposição e o sofrimento que advém não só da perda sofrida, mas da angústia de se saber também mortal, vulnerável e frágil. Apenas o contato com o princípio de realidade, proporcionado pela psicanálise, pode amenizar essa angústia e preparar o indivíduo para, diante dessa tomada de consciência, lidar com as fantasias de onipotência assim como com as pequenas sabotagens que nos infringimos, impedindo a vitória de Eros sobre Tanatos.

Como bem acentua a orientadora da pesquisa que deu origem a este livro, a psicanalista Fátima Esteves, o que a psicanálise pode oferecer ao enlutado é essa possibilidade de liberaçãoo da carga enérgica – libido –, que fica aprisionada no esforço por manter, lembrar, vincular aquele ou aquilo que não existe mais ao que sobrevive. Esse esforço consome a energia vital e impede o trânsito saudável da vida.

Lembrar para esquecer

Dentre os sentimentos ambíguos que afloram e circundam o luto está o desejo de lembrar de quem ou do que se perdeu. O enlutado se agarra às memórias dos momentos prazerosos, da vida em comum, dos acontecimentos de desenlace. O esforço por dar ao morto um semblante agradável, de expô-lo assim aos que dele querem se despedir, possibilita lembrar de quem se foi com uma imagem apaziguadora e aceitável.

Nas sociedades antigas, as cerimônias fúnebres eram longas e importantes com diversos cortejos e grande presença da comunidade. Era um período de lembranças em que os feitos do morto em vida eram contados e recontados. Posteriormente, no caso de mortos importantes, biografias eram escritas para tornar indeléveis a vida de quem morreu. Alguns mortos se tornavam patronos de instituições, assim como até hoje se erguem memoriais e se dá o nome do morto a ruas e viadutos. Portanto, falar, lembrar, memorizar faz parte do processo de luto e a psicanálise oferece um espaço para esses recursos. Ainda hoje, lembrar parece afastar o objeto ou ente perdido do completo desaparecimento.

O esforço por lembrar, entretanto, encontra um obstáculo – as lembranças dolorosas da perda que, muitas vezes, podem ter se transformado em traumas que, como vimos, têm a possibilidade de estarem ligados a outras perdas que afloram no luto. Então, lembrar pode também ser sentido como doloroso. A psicanálise pode tornar esse embate consciente e ajudar o enlutado a elaborar essa contradição, permitindo que a recordação seja construída. Freud tratou diversas vezes dessa oposição memória-esquecimento, mostrando que a lembrança é uma arma contra o recalque e futura repetição do trauma. Paulo Endo (2013), que trabalha justamente com os rituais de memória com os quais os enlutados revivem e lembram o que foi perdido, explica que o que não é lembrado (muitas vezes pela violência da perda) é enfim recalcado e proibido de vir à consciência. E por ser tido como "esquecido" será vivido como repetição. O objeto ou ser perdido, quando não lembrado, é deslocado para um espaço em que se torna realmente inesquecível. A constituição da lembrança, através da psicanálise, traz o recalcado à consciência permitindo que a perda e o trauma recordados não se repitam como única forma de serem vivenciados.

Assim, são inúmeras as formas pelas quais o tratamento psicanalítico pode dar condições aos enlutados de lidar com as perdas e promoverem diante delas um luto saudável, possibilitando a sublimação do trauma da perda. Este capítulo conclusivo pode não dar conta de todos os caminhos que a psicanálise pode percorrer no tratamento do luto, mas aborda diferentes aspectos já evidenciados por autores que trabalharam com pacientes em dor de luto. E se a perda é inexorável na vida humana, também o é a dor da perda. Que ela seja, através da psicanálise, uma porta que se abre para a reconstrução saudável da vida que resta aos que a ela sobrevivem.

CONCLUSÃO

Para concluir este livro, vamos abordar um aspecto do luto, dos ritos fúnebres e da memória diferente do que tratamos em relação às cerimônias em homenagem aos mortos individuais ou comuns. Trata-se dos processos públicos e coletivos organizados por grupos de pessoas, representativos de uma etnia, uma religião, uma nação ou, também, por sobreviventes de tragédias. Em oposição aos rituais destinados a lembrar e homenagear o cidadão comum, o indivíduo, os quais se tornam cada vez mais rápidos, superficiais e impessoais, as celebrações coletivas e públicas, que se destinam a erguer memoriais e museus e celebrar acontecimentos públicos, têm adquirido cada vez mais importância e significado. A prática começou com homenagens a autoridades e celebridades importantes que ganham bustos e dão nome a praças, viadutos e estradas. Mas, na atualidade, esses rituais públicos destinam-se a relembrar pessoas mortas em guerras, tragédias e acidentes, mesmo que sejam pessoas anônimas ou desconhecidas. Desde as cruzes que são colocadas em rodovias para lembrar e homenagear pessoas que morrem em acidentes rodoviários até os túmulos para lembrar a morte de soldados em guerra, cada vez mais as sociedades se mobilizam para registrar na paisagem das cidades os acontecimentos que emocionaram e mobilizaram a população.

Sabemos que a vida social é feita de oposições e que, diante de certos acontecimentos, existem divergência quanto a seu significado e importância. Diante dessa constatação e da percepção de que diferentes grupos procuram imortalizar seus heróis e seus feitos, existe, cada vez mais, uma preocupação em marcar os espaços com acontecimentos, datas, lembranças que revivem a história e defendem uma determinada interpretação dos fatos. Então, à medida que, como dissemos no sexto capítulo, "Luto líquido", as instituições se tornam mais frágeis e a vida social mais impermanente, maior é o desejo dos grupos étnicos, religiosos e nacionais em honrar seus mártires e homenagear seus heróis.

Um dos acontecimentos mais relembrados no mundo ocidental é o Holocausto que, desde a década de 1960, quando os primeiros oficiais nazistas foram julgados, surgiu uma intensa campanha por exibir, relembrar e disseminar informações sobre o extermínio de milhões de judeus em diversos países do mundo durante a II Guerra Mundial. De igual maneira, memoriais que relembram a violência e a injustiça da escravidão africana são erguidos em países que participaram do tráfico, como Portugal, e em países para onde os escravos foram vendidos para o trabalho, como o Brasil e os Estados Unidos da América. Da mesma forma, no Iraque é levantado um Memorial para relembrar e celebrar o massacre dos curdos que matou mais de cinco mil pessoas, entre mulheres e crianças.

Em Hiroshima, no Japão, foi erguido um memorial chamado Cúpula da Bomba Atômica que preserva a cúpula de um edifício que conseguiu resistir ao ataque da cidade por explosão atômica, que matou milhares de pessoas em 1945, durante a Segunda Guerra Mundial.

Tragédias e acidentes, massacres e atentados também têm levado à criação de memoriais e rituais de luto. O Museu 11 de setembro, em Nova York, nos Estados Unidos, presta homenagem aos mortos no atentado terrorista de 2001 ao *World Trade Center*.

No Brasil e em outros países da América Latina, busca-se relembrar períodos ditatoriais em que muitos opositores foram mortos e permanecem ainda desaparecidos, isto é, sem identificação, nem o resgate de seus restos mortais.

Ao encerrar este trabalho com essas considerações, desejamos reafirmar a importância da memória nos processos de luto e levantar uma questão importante: em uma época em que os rituais individuais e privados se tornam cada vez mais efêmeros, a importância dos processos coletivos de lembrança e homenagem aos mortos adquirem aspectos muito importantes. Eles permitem que se viva a ambiguidade própria dos rituais fúnebres – por uma lado, a lembrança e a saudade dos que partiram, por outro, o reconhecimento da culpa (geralmente também coletiva) daqueles que, de alguma forma, foram responsáveis pelo acontecido. Por outro lado, sabemos que a identidade individual depende sempre das heranças genéticas e afetivas dos antepassados e do reconhecimento público desse pertencimento. Se isso acontece com os fatos da vida, deverá ocorrer também com a morte. Se assim for, a experiência pública e coletiva do luto pode proporcionar um canal para a vivência de lutos individuais ainda mal elaborados. Que a relação entre o individual e o coletivo, o público e o privado, sejam benéficos para a experiência do luto que, como procuramos explicar nesse trabalho, é uma das mais importantes da vida.

BIBLIOGRAFIA

ARIÉS, Phillippe. A morte que se tornou selvagem. In: O homem diante da morte. (Vol. 2). Rio de Janeiro: Francisco Alves, 1990.

BARBOSA, Marialva. A morte imaginada. In: *Anais da Associação Nacional dos Programas de Pós-Graduação em Comunicação – COMPÓS.* s/d. Disponível em: <http://www.compos.org.br/data/biblioteca_573.pdf> Acesso em: 01 out. 2019.

BARTHES, Roland. *Diário de luto.* São Paulo: Martins Fontes, 2001.

BARTHES, Roland. *A câmara clara.* Rio de Janeiro: Nova Fronteira, 1984.

BAUMANN, Zymunt. *Tempos líquidos.* Rio de Janeiro: Jorge Zahar Ed., 2007.

BAUMANN, Zymunt. *A cultura no mundo líquido moderno.* Rio de Janeiro: Jorge Zahar Ed., 2013.

BELLATO, Roseney; CARVALHO, Emília Campos de. O jogo existencial e a ritualização da morte. Revista Latino-Americana de Enfermagem, v. 13, n. 1, p. 99-194, 2005.

BRAET, Herman; VERBEKE, Werner. *A morte na Idade Média.* São Paulo: EDUSP, 1996.

CAMPOS, Érico Bruno Viana. Considerações sobre a morte e o luto na psicanálise. *Revista de Psicologia da UNESP*, v. 12, n. 1, 2013.

CASSORLA, Roosevelt Moisés Smeke. Reflexões sobre a psicanálise e a morte. In: KOVÁCS, Maria Julia (Coord.). *Morte e desenvolvimento humano.* São Paulo: Casa do psicólogo, 1992.

CASSIRER, Ernst. *Ensaios sobre o homem.* São Paulo: Martins Fontes, 1994.

CLARK, Grahame. *A pré-história.* 2. ed. Rio de Janeiro: Zahar Editores, 1975.

CIFFOLEAU, Jacques. O que faz a morte mudar na região de Avinhão no fim da Idade Média. In: BRAET, Herman; VERBEKE, Werner. *A morte na Idade Média*. São Paulo: EDUSP, 1996.

COSTA, Cristina. *A imagem da mulher*: um estudo de arte brasileira. Rio de Janeiro: SENAC RIO, 2002.

COSTA, Fernanda Maria Matos da. *A morte e o morrer em Juiz de Fora*. Dissertação (Mestrado em História) - Programa de Pós-Graduação em História, Universidade Federal de Juiz de Fora, Juiz de Fora, Minas Gerais, 2007.

COSTA, Maria Cristina Castilho. *O retrato feminino na pintura brasileira, do realismo ao romantismo. Análise estética e sociológica. De 1800 a 1950*. Dissertação (Mestrado) - Faculdade de Filosofia, Letras e Ciências Humanas, Universidade de São Paulo, São Paulo, 1985.

COUTINHO, Belmira Maria Dos Santos Gomes. *Há morte nas catacumbas? Um estudo sobre turismo negro*. Dissertação (Mestrado) - Departamento de Economia, Gestão e Engenharia Industrial, Universidade de Aveiro, Aveiro, Portugal, 2012. Disponível em: <https://ria.ua.pt/handle/10773/10167>. Acesso em: 01 out. 2019.

DEBORD, Guy. *A sociedade do espetáculo*. Lisboa: Afrodite, 1972.

DIBIE, Pascal. *O quarto de dormir*: um estudo etnológico. Rio de Janeiro: Globo, 1988.

ELIADE, Mircea. *Mito e realidade*. São Paulo: Perspectiva, 1972.

ENDO, Paulo. Pensamento como margem, lacuna e falta: memoria, trauma, luto e esquecimento. *Revista USP*, n. 98, 2013.

ESTHER, Vera. A dor do luto e seu acolhimento psicanalítico. *Estudos de Psicanálise*, n. 35, 2011

FAUSTO, Boris. *O brilho do bronze (um diário)*. São Paulo: Cosac Naify, 2014.

FELDMAN, Sérgio Alberto. Origens do mito do crime ritual (séculos XI e XII). In: *Anais do V Encontro Internacional UFES/Paris-ESt*, Vitória, Espírito Santo, 2015. Disponível em: <http://periodicos.ufes.br/UFESUPEM/article/view/11817>. Acesso em: 20 set. 2019.

FOUCAULT, Michel. *As palavras e as coisas*. São Paulo: Martins Fontes, 1981.

FREITAS, Nely Klix. *Luto materno e psicoterapia breve*. São Paulo: Summus, 2000.

FREUD, S. Além do princípio do prazer. In: *Edição Standard Brasileira das Obras Psicológicas Completas de Sigmund Freud*. (Vol. XVIII). Rio de Janeiro: Imago, 1976. (Trabalho original publicado em 1920)

FREUD, Sigmund. *O futuro de uma ilusão*: o mal-estar na civilização e outros trabalhos (1927-1931). In: *Edição Standard Brasileira das Obras Psicológicas Completas de Sigmund Freud*. (Vol. XXI). Rio de Janeiro: Imago, 2006. (Trabalho originalmente publicado em 1927).

FREUD, Sigmund. *O Mal-Estar na Civilização*. Lisboa: Relógio D'Água, 2008. (Trabalho originalmente publicado em 1930).

FREUD, Sigmund. *Luto e melancolia*. São Paulo: Cosac Naify, 2011. (Trabalho originalmente publicado em 1917).

GOMES, Edlaine de Campos. Morte em família: ritos funerários em tempo de pluralismo religioso. *Rev. Antropologia*, v. 49, n. 2, 2006.

IANNI, Octavio. *Enigmas da modernidade-mundo*. Rio de janeiro: Civilização Brasileira, 2000.

KOVÁCS, Maria Julia. *Educação para a morte – temas e reflexões*. São Paulo: Casa do Psicólogo/FAPESP, 2003.

KÜBLER-ROSS, Elizabeth. *Sobre a morte e o morrer*. São Paulo: Martins Fontes, 2017.

LACAN, J. (1966). O estádio do espelho. In: LACAN, J. Escritos. Rio de Janeiro, JZE: 1998.

LACAN, J. (1986). O Seminário, livro 7: a ética da psicanálise. Rio de Janeiro: JZE, 1988

LEAKEY, Richard. O povo do lago. *O homem*: suas origens, natureza e futuro. São Paulo: Melhoramentos, 1988.

LIMA, Roberto Kant in: SILVA, Benedito. *Dicionário de Ciências Sociais*. Rio de janeiro: FGV/Instituto de Documentação, 1986, p. 1081.

LISSNER, Ivar. *Assim viviam nossos antepassados*. 5. ed. Belo Horizonte: Itatiaia, 1968.

MALTAURO, Marlon Ângelo. A representação da mulher Viking na Vilsunga Saga. *Brathair – Revista de estudos Celtas e Germânicos*, v. 5, n.1, P. 32-44, 2005.

MELLO NETO, João Cabral de. *Morte e Vida Severina*. 1955. Disponível em: <http://bibliotecadigital.puc-campinas.edu.br/services/e-books/Joao%20Cabral%20de%20Melo%20Neto.pdf>. Acesso em: 30 set. 2019.

MIGLIORINI, Rogério Costa. *Corpos mortos e vivos*: as cerimônias mortuárias e as representações da morte entre católicos brasileiros. Dissertação (Mestrado) - Faculdade de Filosofia e Ciências da Religião, Universidade Metodista de São Paulo, São Bernardo do Campo, São Paulo, 2009.

MORIN, Edgard. *O homem e a morte*. Tradução de Cleone Augusto Rodrigues. Rio de Janeiro: Imago Ed., 1997.

MUCIDA, Ângela. *O sujeito não envelhece*: psicanálise e velhice. Belo Horizonte: Autêntica, 2006.

OEXLE, Otto Gerhard. A presença dos mortos. In: BRAET, Herman e VERBEKE, Werner (Eds). *A morte na Idade Média*. São Paulo: EDUSP, 1996.

OLIVEIRA, Madalena. Olhando a morte dos outros. In: *Anais do Congresso da Associação Portuguesa de Ciências da Comunicação – SOPCOM*, 2005. Disponível em: <https://repositorium.sdum.uminho.pt/handle/1822/37198> Acesso em: 30 set. 2019.

PARKES, Colin Murray. *Luto*: estudos sobre a perda na vida adulta. São Paulo: Summus, 1998.

PORFÍRIO, Eduardo Manuel Batista; SERRA, Miguel Antonio Paixão. Rituais funerários e comensalidade no bronze do sudoeste da península ibérica: novos dados a partir de uma intervenção arqueológica no sítio da Torre velha 3 (SERPA). *Estudos Quaternários*, v. 6, p. 49-66, 2010.

ROCHA, Silvia Pimenta Velloso. O homem sem qualidades: modernidade, consume e identidade cultural. *Revista Comunicação, Mídia e Consumo*, v. 2, n. 3, 2005.

ROSA, Debieux Miriam. A psicanálise lacaniana e a dimensão sociopolítica do sofrimento. *Revista Cult*, n. 8, Edição Especial: Lacan além da clínica, 2017.

RÔSHI, Shundo Aoyanna. *Para uma pessoa bonita*. São Paulo: Palas Athena/Comunidade Zen Budista, 2002.

SILVEIRA, Nise. *O mundo das imagens*. São Paulo: Ática, 1992.

SONTAG, Susan. *Olhando o sofrimento dos outros*. Lisboa: Gótica, 2003.

SOUZA, Camila Diogo de. As representações da morte na arte geométrica grega do século VIII a. C. In: ORTEGA, Any Marise; PELOGGIA; Alex Ubiratan Goossens. *Entre o arcaico e o contemporâneo*. São Paulo: Iglu, 2015.

VIEIRA, Willian. *O obituário contemporâneo no jornal e nas coletâneas*: uma discussão sobre gênero textual, biografia e sociedade. Dissertação (Mestrado) - Escola de Artes, Ciências e Humanidades, Universidade de São Paulo, São Paulo, 2014.

VERAS, Lana. A medicalização do luto e a mercantilização da morte na sociedade contemporânea. *Revista Fenomenologia e Psicologia*, v.3, n.1, p. 29-44, 2015.

VOVELLE, Michel. *Les âmes du purgatoire, ou le travail du deuil*. Paris: Gallimard, 1996.

ZANETTI, Sandra Aparecida Serra; GOMES, Isabel Cristina. A ausência do princípio de autoridade na família contemporânea brasileira. *Revista Psico*, v.4, n.2, 2009.

Construindo ideias
e conectando mentes

Este livro foi composto com tipografia Bembo e impresso
em papel Offset 90g. na Gráfica Formato em setembro de 2021.